**Dietram Schneider**

**Klausurtraining
Grundlagen der Betriebswirtschaftslehre**
3., erweiterte Auflage mit Probeklausuren

# Schriftenreihe des Kompetenzzentrums für Unternehmensentwicklung und -beratung, KUBE e.V.

## Bisher erschienene Werke:

**Hauke, W.; Opitz, O.** (2003): Mathematische Unternehmensplanung, 2. Aufl.
**Boes, S.** (2004): Die Anwendung der Konzepte probabilistischer Bevölkerungsmodelle auf Prognosen für den Hochschulbereich
**Pflaumer, P.** (2004): Klausurtraining Deskriptive Statistik
**Schneider, D.** (2004): Grundlagen der Betriebswirtschaftslehre – kompaktes Basiswissen
**Pflaumer, P.** (2005): Klausurtraining Finanzmathematik
**Schneider, D.** (2005): Klausurtraining Grundlagen der Betriebswirtschaftslehre, 2. Aufl.
**Schneider, D.; Amann, M.** (2005): Benchmarking von Beratungsgesellschaften mit Success Resource Deployment – ein empirischer Vergleich von Accenture über BCG bis McKinsey aus Kundensicht
**Hagenloch, T.** (2007): Value Based Management und Discounted Cash Flow-Ansätze. Eine verfahrens- und aufgabenorientierte Einführung
**Rauch, K.** (2007): Steuern in der Sozialwirtschaft – Steuern und Gemeinnützigkeit
**Hagenloch, T.** (2009): Grundzüge der Entscheidungslehre
**Hagenloch, T.** (2009) Einführung in die Betriebswirtschaftslehre. Theoretische Grundlagen und Managementlehre
**Kummer, S.** (2009): SWOT-gestützte Analyse des Konzepts der Corporate Social Responsibility – Die soziale und ökologische Verantwortung der Unternehmen
**Söhnchen, W.** (2010): Operatives Controlling. Grundlagen und Instrumente
**Hagenloch, T.** (2010): Die Seminar- und Bachelorarbeit im Studium der Wirtschaftswissenschaften – Ein kompakter Ratgeber
**Henning, S.** (2013): Kosten und Leistungsrechnung, Grundlagen und praxisorientierte Anwendungsbeispiele aus der Betriebs-, Sozial- und Tourismuswirtschaft, Band I: Betriebliches Rechnungswesen und klassische Kosten-/Leistungsrechnung
**Hänle, M.; Schneider, D.** (2014): Raum- und Immobilienmanagement – Fallstudien und Klausurtraining
**Schneider, D.** (2015): Unternehmensführung – Instrumente für das Management in der Postmoderne, Kompakte Studienausgabe, 2. Aufl.
**Schneider, D.** (2015): Fallstudien- und Klausurtraining zur Unternehmensführung – Case Studies und Multiple-Choice-Aufgaben für Manager, Controller und Berater, 2. Aufl.

Dietram Schneider

# Klausurtraining

# Grundlagen der

# Betriebswirtschaftslehre

3., erweiterte Auflage mit Probeklausuren

Die Deutsche Bibliothek – CIP-Einheitsaufnahme

Ein Titelsatz für diese Publikation ist bei der Deutschen Bibliothek erhältlich.

© 2016 Dietram Schneider, Kempten
Alle Rechte liegen beim Autor.

Herstellung und Verlag: BoD - Books on Demand, Norderstedt
ISBN 9-783741-295195

# Vorwort zur 3. Auflage

Mit der neuen Auflage des Lehrbuches **Grundlagen der Betriebswirtschaftslehre – Kompaktes Basiswissen** ist eine Neuauflage des vorliegenden Klausurtrainings erforderlich. Es enhält daher vor allem zusätzliche Übungs- und Trainingsaufgaben zu den inhaltlichen Ergänzungen und Erweiterungen, die in das Lehrbuch aufgenommen wurden (z. B. Austrianismus, Kostenspaltung, Transaktionskostentheorie). Außerdem gibt es im Vergleich zur letzten Auflage an verschiedenen Stellen Konkretisierungen, Veränderungen und Erweiterungen der Übungsaufgaben, wodurch der Umfang dieses Klausurtrainings wieder etwas zugelegt hat.

*im September 2016*                                                       *Dietram Schneider*

# Vorwort zur 1. und 2. Auflage

Dieses Buch umfasst typische Übungs- und Klausuraufgaben zu den Grundlagen der Betriebswirtschaftslehre. Es wendet sich an Studierende und Lehrende an Hochschulen und Universitäten, die sich u.a. auf Prüfungen vorbereiten möchten, Vorlesungen durch Übungen ergänzen wollen und Beispiele für prüfungsadäquate und prüfungsrelevante Aufgabenstellungen suchen. Auch für Praktiker und für allgemein am betriebswirtschaftlichen Grundwissen interessierte Leser, die ihren Kenntnisstand überprüfen und/oder auffrischen wollen, kann dieses Buch ein sehr sinnvoller Begleiter sein.

Dieses Klausurtraining bietet eine ideale Ergänzung zu dem ebenfalls in dieser Schriftenreihe des Kompetenzzentrums für Unternehmensentwicklung und -beratung e.V. (KUBE) erschienenen Lehrbuch

*Schneider, D.; Grundlagen der Betriebswirtschaftslehre – kompaktes Basiswissen, Norderstedt, 2004.*

Das Klausurtraining kann selbstverständlich auch in Kombination mit anderen Grundlagenwerken der Betriebswirtschaftslehre vorzüglich genutzt werden. Hierfür sind bei den Aufgabenblöcken stets die übergeordneten Inhaltsbereiche und Stichworte angegeben, anhand derer sich in anderen Lehrbüchern die jeweiligen Stoffinhalte schnell finden lassen.

In Teil I dieses Klausurtrainings befinden sich zahlreiche Multiple-Choice-Aufgaben mit unterschiedlichen Schwierigkeitsgraden. Die Aufgaben sind in 13 umfangreichere Blöcke mit je elf Aussagen bzw. längeren Aufgabenstellungen und in 10 kurze Blöcke mit jeweils vier Aussagen unterteilt. Die Lösungen sind jeweils anschließend aufgelistet.

Teil II enthält 40 offen zu beantwortende Fragen und Übungsaufgaben. Im Ansschluss findet man dazu die Lösungen.

In Teil III werden weitere Übungsaufgaben ohne Lösungen geboten. Statt den Lösungen findet man die genauen Kapitelangaben und Gliederungspunkte, so dass im o.g. Lehrbuch die für die Erarbeitung der Antworten und Lösungen erforderlichen Stoffinhalte rasch gefunden werden können.

Teil IV enthält zwei unterschiedlich strukturierte Probeklausuren, die für eine Prüfungszeit von 90 Minuten gestaltet sind. Hierzu findet der Leser auch die dazugehörigen Lösungen.

Die einzelnen Übungs- und Klausuraufgaben in den jeweiligen Teilen sind zur leichteren Orientierung in der Regel so gegliedert, wie es dem Inhaltsverzeichnis des o.g. Lehrbuches – aber auch den Gliederungen von anderen Grundlagenbüchern – entspricht.

An dieser Stelle darf ich meinen StudentInnen und AssistentInnen Dank sagen. Sie haben mich durch zahlreiches und hartnäckiges Fragen sowie vielfältige Hinweise sowohl zur Erstellung dieses Übungsbuches motiviert als auch zur Entwicklung mehrerer Übungsaufgaben ganz wesentlich beigetragen. Schließlich gilt mein Dank dem Kompetenzzentrum für Unternehmensentwicklung und -beratung (KUBE e.V.), den Mitgliedern, Beiräten und meinen Vorstandskollegen im KUBE, den Herren Prof. Dr. Peter Pflaumer und Prof. Dr. Wolfgang Hauke, für die Aufnahme dieses Buches in die KUBE-Schriftenreihe. Mein herzlicher Dank gilt auch dem Verlag für die hervorragende Zusammenarbeit.

im Juni 2005                                                                                   Dietram Schneider

# Inhaltsverzeichnis

**Teil I** .................................................................................................... **9**
1. Multiple-Choice-Aufgaben – umfangreiche Blöcke ................................ 9
2. Lösungen (umfangreiche Blöcke) ......................................................... 23
3. Multiple-Choice-Aufgaben – kurze Blöcke ........................................... 25
4. Lösungen (kurze Blöcke) ...................................................................... 33

**Teil II** ................................................................................................. **35**
1. Offen zu beantwortende Fragen und Aufgaben ..................................... 35
2. Lösungshinweise .................................................................................. 43

**Teil III** ................................................................................................ **57**
Offen zu beantwortende Fragen und Aufgaben ......................................... 57
(mit Kapitel- und Gliederungshinweisen für die selbständige Erarbeitung der Lösungen)

**Teil IV** ................................................................................................ **67**
1. Probeklausur A .................................................................................... 67
2. Probeklausur B .................................................................................... 72
3. Lösungen ............................................................................................. 78

# Teil I

## 1. Multiple-Choice-Aufgaben – umfangreiche Blöcke

**Hinweis:** Die Reihenfolge der Aufgaben orientiert sich weitgehend an der Reihenfolge der Präsentation der Inhalte innerhalb der Kapitel I bis IV in dem Lehrbuch von *Schneider, D.; Grundlagen der Betriebswirtschaftslehre – kompaktes Basiswissen, 2. Aufl., Norderstedt, 2016*. Im Gliederungspunkt 2 (ab S. 23) dieses Klausurtrainings sind die Lösungen aufgelistet.

### Aufgabe 1:
**Die Betriebswirtschaft im System der Wissenschaften und ihre Methoden und Aussagen:**

Welche der folgenden Aussagen sind richtig bzw. falsch?

    r f
a) 0 0 Die Betriebswirtschaftslehre gehört nicht zu den Idealwissenschaften.
b) 0 0 Die Aufklärungsfunktion von Wissenschaften löst meist ein hohes Kritikpotenzial am Bestehenden aus.
c) 0 0 Die Deduktion beruht z. B. auf dem logischen Schließen bzw. der Ableitung von globalen Aussagen aus Einzelbeobachtungen.
d) 0 0 Die Allgemeine Betriebswirtschaftslehre ist eine so genannte Verfahrenslehre.
e) 0 0 Deterministische Aussagen findet man besonders in den Idealwissenschaften, weniger in den Realwissenschaften.
f) 0 0 Präskriptive Aussagen schreiben dem Entscheidungsträger in der Praxis vor, wie er sich in Entscheidungssituationen verhalten bzw. entscheiden soll.
g) 0 0 Stochastische Aussagen gewinnt man durch hermeneutisches Schließen.
h) 0 0 Die Hermeneutik als wissenschaftliche Methode kommt im Rahmen so genannter Idealwissenschaften sehr häufig zur Anwendung, um wissenschaftliche Aussagen abzuleiten.
i) 0 0 Die Volkswirtschaftslehre gehört nicht zu den Idealwissenschaften. Gleiches gilt für die Betriebswirtschaftslehre. Allerdings gibt es betriebswirtschaftliche Inhaltsbereiche mit starken idealwissenschaftlichen Charakterzügen.
j) 0 0 Bekennend-normative Aussagen bauen im Gegensatz zu praktisch normativen Aussagen z. B. auf weltanschaulichen Überzeugungen und Werten auf.
k) 0 0 Stochastische Modelle basieren auf spieltheoretischen Annahmen.

# Teil I

**Aufgabe 2:**
**Wirtschaftliches Handeln und betriebswirtschaftliche Ziele:**

Welche der folgenden Aussagen sind richtig bzw. falsch?

   r f
a) 0 0 Das Rationalprinzip besagt u.a., dass man mit minimalem Input einen bestimmten Output erreichen soll.
b) 0 0 Kapitalrentabilität und Umsatzrentabilität können auch in konfliktärer Zielbeziehung zueinander stehen.
c) 0 0 Steigende Produktivität führt zu einer geringeren Befriedigung sozialer Ziele. Umgekehrtes gilt meist nicht.
d) 0 0 Die Kennzahl „Return on Investment" kann sich unter bestimmten Bedingungen sogar erhöhen, wenn die Umsatzrentabilität sinkt.
e) 0 0 Steigt die Kapitalrentabilität, so ist auch mit einem Anstieg der Umsatzrentabilität zu rechnen.
f) 0 0 Nicht immer, wenn die Produktivität von einem auf das andere Jahr steigt, steigt auch die Wirtschaftlichkeit. Es sind auch Fälle denkbar, in denen die Wirtschaftlichkeit sogar von einem Jahr zum anderen sinkt, während die Produktivität steigt.
g) 0 0 Komplementäre Ziele liegen dann vor, wenn durch die Steigerung des Zielerreichungsgrades von Ziel 1 auch eine Steigerung des Zielerreichungsgrades von Ziel 2 erreicht wird. Dies ist z. B. zwangsläufig bei den Zielen Umsatz und Gewinn gegeben.
h) 0 0 Das Minimalprinzip als Ausprägung des Rationalprinzips besagt, dass ein maximaler Output mit einem bestimmten Input erreicht werden soll.
i) 0 0 Je höher der Kapitalumschlag und je höher die Umsatzrentabilität, desto höher ist der „Return on Investment".
j) 0 0 Bei indifferenten Zielbeziehungen besteht weder eine positive noch eine negative Beziehung zwischen den Zielen.
k) 0 0 Steigt die Gesamtkapitalrentabilität, so steigt auch die Eigenkapitalrentabilität.

# Teil I

**Aufgabe 3:**
**Umwelt-, Güter- und Geldbeziehungen sowie Typologien von Betriebswirtschaften:**

Welche der folgenden Aussagen sind richtig bzw. falsch?

r f
a) 0 0 Die so genannte aufgabenspezifische Umwelt eines Unternehmens ergibt sich vor allem aus den politischen Verhältnissen, der Steuergesetzgebung und der Umwelt im ökologischen Sinne.
b) 0 0 In der Praxis liegt im Großanlagengeschäft ein längerer time-lag zwischen der Beschaffung von Einsatzgütern (z. B. Rohstoffe, Werkstoffe) und dem Absatz der Anlage (z. B. Kraftwerk) als im so genannten Produktgeschäft.
c) 0 0 Geldströme auf der Beschaffungs- und Absatzseite lassen sich oft nicht zeitlich synchronisieren. Daraus entsteht in der Praxis ein Finanzbedarf. Im Großanlagenbau ist er in der Regel höher als in der Konsumgüterindustrie.
d) 0 0 Wettbewerbskräfte nach Porter sind beispielsweise alte Rivalen und Substitutionsprodukte.
e) 0 0 Die Anlagen- und Materialintensität ist in Dienstleistungsunternehmen in der Regel geringer als in Fertigungs- bzw. Industrieunternehmen.
f) 0 0 Das produzierende Gewerbe gehört zum so genannten sekundären Sektor. Unternehmensberatungen gehören zum primären Sektor.
g) 0 0 Eine an quantitativen Kriterien orientierte Abgrenzung von Klein- und Mittelstandsunternehmen kann auf der Anzahl der Mitarbeiter, der Bilanzsumme und/oder dem Umsatz basieren.
h) 0 0 Im Handwerksbetrieb ist die Arbeitsteilung in der Regel höher als im Industriebetrieb.
i) 0 0 Die Bildung von Betriebstypologien gehört zu den so genannten wissenschaftsinstrumentellen Aussagen.
j) 0 0 Die so genannte Drei-Sektoren-Hypothese besagt unter anderem, dass der primäre Sektor zwar am Sozialprodukt den größten Anteil hat, jedoch im Vergleich zum sekundären und tertiären Sektor weiter sinkt.
k) 0 0 Der Automatisierungs- und Spezialisierungsgrad im Handwerksbetrieb ist in der Regel niedriger als im Industriebetrieb.

# Teil I

**Aufgabe 4:**
**Betriebswirtschaftliche Ansätze (I):**

Welche der folgenden Aussagen sind richtig bzw. falsch?

   r f
a) 0 0 Im Gegensatz zur Neoklassik geht der Austrianismus von einem realitätsnäheren Menschenbild aus.
b) 0 0 Der neoklassischen Statik steht die Dynamik des Austrianismus gegenüber.
c) 0 0 Schumpeter und Kirzner sind Vertreter der so genannten österreichischen Schule. Gleiches gilt für Böhm-Bawerk, der sich insbesondere mit dem Konzept der so genannten Produktionsumwege befasst hat. Je länger diese Produktionsumwege, desto größer die Arbitrageleistung des Unternehmers.
d) 0 0 Durch Arbitrage kann Gleichgewicht zwischen Märkten erzielt werden. Allerdings ist es auch denkbar, dass findige Unternehmer versuchen, dass sich Angebotsseite und Nachfrageseite nicht zu nahe kommen, damit sie weiterhin eine Arbitragerente einstreichen können.
e) 0 0 Wettbewerb ist in der Neoklassik als Prozess aufzufassen, der von dynamischen Unternehmern in Gang gehalten wird.
f) 0 0 In der Neoklassik sind die Transaktionskosten 0. Gleiches gilt für die Spezifität und die Quasi-Rente. Die Bindungsintensität zwischen den Wirtschaftssubjekten sinkt bei Annäherung der realen Welt an die Neoklassik.
g) 0 0 Der Unternehmer bei Schumpeter ist ein dynamischer Zerstörer von Gleichgewichten. Der Unternehmer bei Kirzner treibt vor allem eine Entwicklung Richtung Gleichgewicht voran.
h) 0 0 Wie die Vertreter des sozial- und verhaltensorientierten Ansatzes, so gehen auch die Vertreter des Austrianismus nicht davon aus, dass der Mensch vollkommen informiert ist. Dies gilt auch für von Hayek.
i) 0 0 Wie Max Weber, der Begründer des so genannten Bürokratieansatzes, so konzentriert sich auch der Austrianismus vor allem auf das Innenleben von Unternehmen.
j) 0 0 Taylor sieht im findigen Unternehmer das Funktionsmeisterprinzip realisiert. Insofern kann Taylor auch als Vertreter des Austrianismus angesehen werden.
k) 0 0 Ungleichgewichte sind das Lebenselixier von Unternehmern im Sinne von Kirzner.

## Aufgabe 5:
**Betriebswirtschaftliche Ansätze (II):**

Welche der folgenden Aussagen sind richtig bzw. falsch?

    r f

a) 0 0 Die Neoklassik unterstellt – wie auch der situative Ansatz – das Menschenbild des so genannten „homo oeconomicus".

b) 0 0 In der Neoklassik wird von vollkommen informierten Wirtschaftssubjekten ausgegangen, die nur partiell beschränkte Rationalität aufweisen.

c) 0 0 Frederick Taylor ist wie Fayol ein Vertreter des mechanistischen Ansatzes. Beide fassen die Unternehmung nicht als „black box" im Sinne der neoklassischen Denkwelt auf.

d) 0 0 Fayol sieht als Vertreter des Einlinienprinzips die Motivation des Menschen zu Mehrleistungen hauptsächlich in Abhängigkeit von sozialen Beziehungen und Bedingungen.

e) 0 0 Einflussgrößen des Arbeitsverhaltens bei Taylor und Fayol sind neben dem Entgelt vor allem informelle Rollenzuweisungen.

f) 0 0 Im sozial- und verhaltensorientierten Ansatz wird nicht das Menschenbild des „homo oeconomicus" unterstellt.

g) 0 0 Der systemorientierte Ansatz begreift Unternehmen als dynamische und offene Verhaltenssysteme, die Störungen mittels Regelungs- und Steuerungsvorgängen kompensieren. Dabei sind Regelungsprozesse reaktiv, Steuerungsprozesse aktiv ausgelegt.

h) 0 0 Gleichgewichtsvorstellungen finden sich sowohl im systemorientierten Ansatz als auch in der Neoklassik.

i) 0 0 Cyert, March und Simon sind Hauptvertreter des systemorientierten Ansatzes.

j) 0 0 Die Anreiz-Beitrags-Theorie wird im Rahmen des sozial- und verhaltensorientierten Menschenbilds u.a. genutzt, um Verhaltensannahmen über den arbeitenden Menschen zu gewinnen.

k) 0 0 Das Funktionsmeisterprinzip von Taylor hat gegenüber dem Einlinienprinzip von Fayol den Nachteil, dass es zu Mehrfachunterstellungen führt. Das Einliniensystem geht vom Prinzip der „Einheitlichkeit der Auftragserteilung" aus.

# Teil I

**Aufgabe 6:**
**Betriebswirtschaftliche Ansätze (III):**

Welche der folgenden Aussagen sind richtig bzw. falsch?

   r f

a) 0 0 Der faktortheoretische Ansatz ist dem mechanistischen Ansatz der Betriebswirtschaftslehre zuzuordnen.
b) 0 0 Je größer die Veränderung des Beschäftigungsgrades, desto besser die Anwendbarkeit der intensitätsmäßigen Anpassung. In diesen Fällen sollte nicht auf zeitliche und/oder quantitative Anpassung übergegangen werden.
c) 0 0 Nach dem Ertragsgesetz (Produktionstyp A) gilt, dass die Grenzerträge bis zum Wendepunkt der Gesamtertragskurve über den Durchschnittserträgen liegen.
d) 0 0 Im Gegensatz zur mutativen wird bei der multiplen Betriebsgrößenvariation die Qualität der Potenzialfaktoren nicht geändert.
e) 0 0 Im faktortheoretischen Ansatz beruhen die Annahmen über den arbeitenden Menschen auf den Erkenntnissen der so genannten Human-Relation-Bewegung.
f) 0 0 Das Kostenremanenzproblem steht im Zentrum des mechanistischen Ansatzes von Taylor und Fayol.
g) 0 0 Das Problem der Kostenremanenz kann beispielsweise bei nachlassender Beschäftigung dadurch entstehen, dass Verträge (z. B. für die zeitweise Überlassung von Betriebsmitteln) nicht aufgelöst werden können.
h) 0 0 Auch bei so genannten sprungfixen Kosten können sich Kostenremanenzprobleme ergeben.
i) 0 0 Sinkende Grenzerträge und steigende Grenzkosten sind besonders dann zu erwarten, wenn Unternehmen an der Kapazitätsgrenze arbeiten und z. B. versucht wird, durch Überstunden und/oder Beschäftigung weniger wirtschaftlicher Potenzialfaktoren Beschäftigungsspitzen abzufangen. Wirtschaftlich positiv könnte allerdings die damit verbundene Fixkostendegression bewertet werden.
j) 0 0 Bei limitationalen Produktionsprozessen ist davon auszugehen, dass selbst der zusätzliche Einsatz eines A-Teils in der Fertigung zu keinem zusätzlichen Ertragszuwachs führt, wenn nicht alle anderen notwendigen Einsatzfaktoren auch erhöht werden.
k) 0 0 Zeitliche Anpassungen an schwankende Beschäftigungsgrade liegen z. B. vor, wenn bei Überauslastung Überstunden zu leisten sind. Werden diese mit zusätzlichen Zuschlägen vergütet, dann kommt es in der Praxis zu sinkenden Grenzkosten.

## Teil I

**Aufgabe 7:**
**Betriebswirtschaftliche Ansätze (IV):**

Welche der folgenden Aussagen sind richtig bzw. falsch?

r f
a) 0 0 Der Durchschnittsertrag bezeichnet den Zuwachs zum Gesamtertrag, der sich durch eine zusätzliche (letzte) Faktormengeneinheit ergibt.
b) 0 0 Von Substitutionalität eines Produktionsprozesses spricht man dann, wenn sich im Produktionsprozess die notwendigen Potenzialfaktoren, nicht aber die Repetierfaktoren gegenseitig ersetzen können.
c) 0 0 Der Grenzertrag beim S-förmigen Verlauf des Gesamtertrages nach dem Ertragsgesetz nimmt dort den Wert 0 an, wo die Gesamtertragskurve ihr Maximum hat.
d) 0 0 Die Gesamtertragskurve nach dem Ertragsgesetz (Typ A) hat dort ihren Wendepunkt, wo die Steigung der an die Gesamtertragskurve angelegten Tangente 0 ist.
e) 0 0 Bei der Kostenfunktion auf Basis des Ertragsgesetzes wird die Kurve der durchschnittlichen Stückkosten in ihrem Minimum von der Kurve der Grenzkosten geschnitten. Gleiches gilt für die Kurve der durchschnittlichen variablen Kosten.
f) 0 0 Die Produktionsfunktion von Typ B nach Gutenberg hat den Vorteil, dass sie auf kleinere Einheiten (z. B. Aggregate, Maschinen) anwendbar ist.
g) 0 0 Bei der selektiven Anpassung sollten bei Beschäftigungsrückgängen zuerst diejenigen Maschinen nicht mehr eingesetzt werden, die geringe Fixkosten und hohe variable Kosten auslösen.
h) 0 0 Gutenberg unterscheidet folgende Produktionsfaktoren: Arbeit, Boden und Kapital. Dabei wird die Arbeit unterteilt in die ausführende bzw. objektbezogene Arbeit sowie den dispositiven Faktor. Beim Kapital erfolgt eine Trennung in Kapital, das für die Beschaffung von Betriebsmitteln und die Beschaffung von Werkstoffen bereitgestellt wird.
i) 0 0 Im faktortheoretischen Ansatz kombiniert der dispositive Faktor die so genannten Elementarfaktoren.
j) 0 0 Unternehmens- bzw. Betriebsleitung sind dem dispositiven Faktor zuzuordnen.
k) 0 0 Im Zuge von zunehmender Gruppenarbeit sowie verstärkter Delegation werden dispositive Arbeiten an die wertschöpfende Basis verlagert.

# Teil I

**Aufgabe 8:**
**Betriebswirtschaftliche Ansätze (V):**

Es seien die in der Abbildung dargestellten alternativen Kostenverläufe K1 und K2 gegeben. Dahinter verbergen sich unterschiedliche Produktionstechnologien.

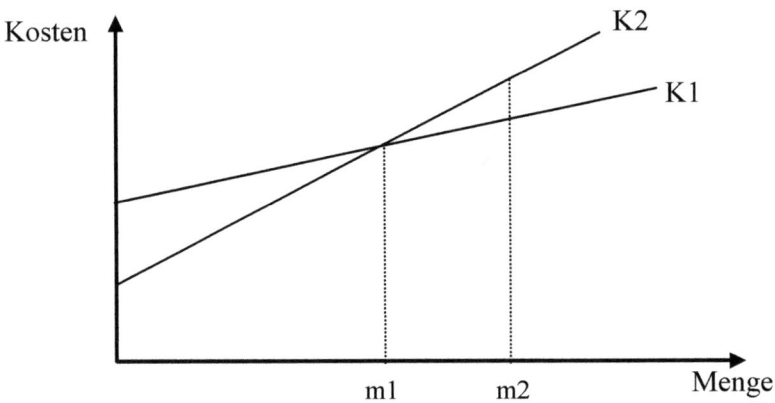

Welche der folgenden Aussagen sind richtig bzw. falsch?

   r f
a) 0 0 Die Grenzkosten der Kostenkurve K1 sind geringer als die Grenzkosten der Kostenkurve K2. Gleiches gilt für die variablen Kosten pro Stück.
b) 0 0 Die durchschnittlichen Stückkosten der Kostenkurve K1 sind rechts von der Ausbringungsmenge m1 geringer als die durchschnittlichen Stückkosten der Kostenkurve K2 rechts von m1.
c) 0 0 Sowohl für die Kostenkurve K1 als auch für die Kostenkurve K2 ergibt sich für die jeweiligen Stückkostenkurven mit zunehmender Menge eine Fixkostendegression.
d) 0 0 Die durchschnittlichen Fixkosten pro Stück sind bei der Kostenkurve K1 im Falle der Ausbringungsmenge m1 geringer als die durchschnittlichen Fixkosten pro Stück bei der Kostenkurve K2 im Falle der Ausbrinungsmenge m2.

# Teil I

**Aufgabe 9:**
**Betriebswirtschaftliche Ansätze (VI):**

Es sei die folgende Entscheidungstabelle gegeben. Welche Aussagen sind dann richtig bzw. falsch?

| Alternativen | Umweltsituationen | | | |
|---|---|---|---|---|
| | S1 | S2 | S3 | S4 |
| a1 | 12 | 1 | 10 | 1 |
| a2 | 11 | 3 | 2 | 3 |
| a3 | 4 | 6 | 6 | 2 |
| a4 | 3 | 3 | 3 | 9 |
| a5 | 10 | 1 | 2 | 2 |

Welche der folgenden Aussagen sind richtig bzw. falsch?

r f
a) 0 0 Bei Anwendung der Entscheidungsregel nach Laplace wäre die Alternative a1 zu wählen.
b) 0 0 Auch bei der Anwendung der Maximax-Entscheidungsregel wäre die Alternative a1 zu wählen.
c) 0 0 Bei Anwendung der Maximin-Entscheidungsregel wäre die Alternative a5 zu wählen.
d) 0 0 Wenn es sich bei den Ergebniswerten um Verluste handeln würde, dann sollte der Entscheidungsträger bei Anwendung der Minimax-Entscheidungsregel die Alternative a4 wählen.
e) 0 0 Bei einem Optimismusfaktor von 0,9 sollte auf Basis der Optimismus-Pessimismus-Regel die Alternative a1 gewählt werden.
f) 0 0 Bei Anwendung der Optimismus-Pessimismus-Regel mit einem Optimismusfaktor von 0,1 sollte die Alternative a4 gewählt werden.
g) 0 0 Für die Anwendung der Bayes-Entscheidungsregel seien folgende Wahrscheinlichkeiten für den Eintritt von Umweltzuständen unterstellt: S1 = 0,2; S2 = 0,1; S3 = 0,6; S4 = 0,1. Unter diesen Eintrittswahrscheinlichkeiten sollte die Wahl auf Alternative a1 fallen.

## Aufgabe 10:
**Betriebswirtschaftliche Ansätze (VII):**

Welche der folgenden Aussagen sind richtig bzw. falsch?

r f
a) 0 0 Markt und Hierarchie sind Pole eines Kontinuums unterschiedlicher Koordinationsformen.
b) 0 0 Zu den so genannten Transaktionskosten gehören u.a. Kosten für die Kompetenz- und Reputationsprüfung von Transaktionspartnern sowie Notargebühren.
c) 0 0 Geringe Transaktionskosten wirken tauschfördernd für eine arbeitsteilige Wirtschaft. Gleiches gilt für prohibitiv hohe Transaktionskosten.
d) 0 0 Geringe Spezifität und hohe small numbers Probleme führen zu hohen Quasi-Renten.
e) 0 0 Transaktionskosten entstehen u.a. aus Informations- und Kommunikationsproblemen. Die Ursachen dafür können subjektiv verschieden sein. Auch die Transaktionskosten können trotz sonst gleicher Ausgangssituation von verschiedenen Wirtschaftssubjekten als unterschiedlich hoch eingeschätzt werden.
f) 0 0 Auf Transaktionskosten wird in den Kostenverläufen des faktortheoretischen Ansatzes nicht eingegangen.
g) 0 0 Je höher die Spezifität, desto höher das small numbers Problem und desto höher die so genannte Quasi-Rente.
h) 0 0 Die Alternativensuche im Zuge des Entscheidungsprozesses, wie ihn die präskriptive Entscheidungstheorie unterstellt, wird durch hohe Transaktionskosten erschwert.
i) 0 0 Geringe Transaktionskosten wirken tauscherleichternd für eine arbeitsteilige Wirtschaft. Hohe Transaktionskosten können dagegen Austauschbeziehungen in einer Wirtschaft unterbinden bzw. erschweren. Allerdings gibt es Berufs- und Standesgruppen, die von einem hohen „Transaktionskostenpegel" profitieren.
j) 0 0 Auch das Verhalten der Transaktionspartner, ihre Reputation und ihr Image sowie ihre Zugriffsmöglichkeiten auf Informations- und Kommunikationstechnologien beeinflussen die Transaktionskosten.
k) 0 0 Je höher die so genannten Opportunitätskosten, desto höher sind in der Regel die Quasi-Renten.

## Teil I

**Aufgabe 11:**
**Konstitutive Entscheidungen:**

Welche der folgenden Aussagen sind richtig bzw. falsch?

    r f
a) 0 0 Die Wahl der Rechtsform sowie die Wahl der Organisationsstruktur gehören zu den so genannten konstitutiven Entscheidungen.
b) 0 0 Die Entstehung von Institutionen – wie auch von Unternehmen – kann aus ihrer Unsicherheit reduzierenden Wirkung erklärt werden.
c) 0 0 Bei vertikalen Unternehmensverbindungen bzw. -integrationen können Rückwärts- und Vorwärtsintegration unterschieden werden. Bei Rückwärtsintegrationen erhöht das integrierende Unternehmen seine Fertigungstiefe bzw. Wertschöpfungsquote.
d) 0 0 Diagonale Unternehmensverbindungen können z. B. auf der freiwilligen Zusammenarbeit der Unternehmen basieren, die rechtlich selbständig bleiben. Dies ist bei der Fusion der Fall.
e) 0 0 Die Rückwärtsintegration ist eine Möglichkeit von Unternehmen, um Wertaktivitäten zu übernehmen, die höhere Lieferantennähe haben. Dies liegt vor, wenn z. B. eine Baufirma auch die Ziegel in eigener Regie erstellt, während dies in der Vergangenheit von einer selbständigen Ziegelei übernommen wurde.
f) 0 0 Kartelle sind in der Regel konglomerate Unternehmensverbindungen, die auf die Einschränkung des Wettbewerbs abzielen.
g) 0 0 Bei Konsortien verlieren die beteiligten Unternehmen ihre wirtschaftliche und rechtliche Selbständigkeit.
h) 0 0 Horizontale Unternehmensverbindungen führen zu einer Erhöhung des wertketten- bzw. produktseitigen small numbers Problems.
i) 0 0 So genannte Deglomerationsfaktoren bewirken eine Konzentration von Unternehmen in bestimmten Gebieten. Oft führen sie zum gegenseitigen „Hochschaukeln" der Unternehmen. Dies kann z. B. in Dienstleistungs- und F&E-Zentren gegeben sein.
j) 0 0 Die Vermeidung von Unsicherheit ist ein Merkmal, das sowohl Motiv bei der horizontalen als auch Ziel der konglomeraten und vertikalen Unternehmenskooperation sein kann.
k) 0 0 Es gibt so genannte heuristische Verfahren, die bei der Wahl von Standorten zur Anwendung kommen können. Sie erlauben zwar keine Optimallösung im mathematischen Sinne, sind aber dennoch in der Praxis weit verbreitet.

## Teil I

**Aufgabe 12:**
**Betriebswirtschaftliche Produktionsfaktoren (I):**

Welche der folgenden Aussagen sind richtig bzw. falsch?

   r f
a) 0 0 Die Ausweitung der Betriebszeiten kann auch bei Senkung der individuellen Arbeitszeiten erreicht werden.
b) 0 0 Die Leistungsgerechtigkeit ist eine Ersatzgerechtigkeit für Lohngerechtigkeit. Gleiches gilt z. B. auch für die Anforderungs- und Verhaltensgerechtigkeit.
c) 0 0 Das so genannte Stufenwertzahlverfahren ist ein analytisches Verfahren, bei dem vom Quantifizierungsprinzip der Reihung Gebrauch gemacht wird.
d) 0 0 Im Gegensatz zur Anforderungsbewertung abstrahiert die Leistungsbewertung von einem bestimmten Funktionsträger. Die Arbeitsbewertung ist personenunabhängig vorzunehmen.
e) 0 0 Auch die Mengenleistung kann Bemessungsgrundlage für die Prämie sein.
f) 0 0 Gruppenakkord kann unter bestimmten Bedingungen in der Praxis sowohl zur Selektion der Leistungsschwachen als auch zum Austritt der Leistungsstarken aus der Gruppe führen.
g) 0 0 Mit der Festlegung des Prämienverlaufs kann in der Praxis versucht werden, die Leistung der Mitarbeiter zu steuern. Bei einem degressiven Prämienverlauf kommen relativ viele Mitarbeiter schon bei einer relativ geringen Leistung oberhalb der Normalleistung in den Genuss einer relativ hohen Prämie. Dies ist bei einem progressiven Verlauf umgekehrt.
h) 0 0 Bei der analytischen Arbeitsbewertung gibt es auch Formen, bei denen die Umgebungseinflüsse in die Errechnung des Arbeitswertes eingehen. Verbesserte Technologien können dann dazu führen, dass eine Abgruppierung erforderlich wird.
i) 0 0 Der Leistungsgerechtigkeit wird z. B. durch die Arbeitsbewertung Rechnung getragen. Sie kann summarisch oder analytisch aufgebaut sein.
j) 0 0 Auch für die Tätigkeiten von Angestellten gibt es Möglichkeiten der analytischen Arbeitsbewertung. In der Praxis ist die analytische Arbeitsbewertung jedoch überwiegend bei Arbeitertätigkeiten und weniger bei Angestelltentätigkeiten anzutreffen.
k) 0 0 Es gibt eine absolute Lohngerechtigkeit, aber nie eine relative Lohngerechtigkeit.

## Aufgabe 13:
**Betriebswirtschaftliche Produktionsfaktoren (II):**

Welche der folgenden Aussagen sind richtig bzw. falsch?

    r f

a) 0 0 Die Teilzeitarbeit setzt an der chronologischen Dimension der Arbeitszeitflexibilisierung an.
b) 0 0 Die Einführung von individualisierter Gleitzeitarbeit bietet sich vor allem bei der Fließbandarbeit mit starren Schichtwechseln an.
c) 0 0 Von Akkordfähigkeit spricht man, wenn die Arbeitskräfte nach einer bestimmten Einarbeitungszeit die Tätigkeit voll beherrschen.
d) 0 0 Der kapazitätsorientierte Jahresarbeitszeitvertrag mit individualisiertem Zeitbudget führt zu einer chronometrischen und chronologischen Flexibilisierung der Arbeitszeit.
e) 0 0 Gestaffelte Arbeitszeiten führen in der Regel zu einer Ausweitung der Betriebszeiten. Die individuelle Arbeitszeit muss dadurch nicht zwangsläufig ausgeweitet werden. Vielmehr sind gestaffelte Arbeitszeiten auch auf Teilzeitbasis möglich.
f) 0 0 Job Sharing und Teilzeitarbeit sind mit der Gleitzeitarbeit mit und ohne Kernzeiten verknüpfbar.
g) 0 0 Bei der Einführung von flexiblen Arbeitszeiten sowie neuen Entgeltsystemen sind die Mitbestimmungsrechte des Betriebsrates zu beachten.
h) 0 0 Die Betriebsmittelnutzungszeit ist bei einem kontinuierlichen Schichtbetrieb höher als beim Zweischichtbetrieb mit Pausendurchlauf.
i) 0 0 Bei der Vertrauensgleitzeit kann es auch Kernzeiten geben.
j) 0 0 Das Genfer Schema der Arbeitsbewertung ist analytisch aufgebaut. In besonderer Weise geht es z. B. der Frage nach, wie das Gruppenverhalten, die Gruppenleistung und die soziale Kompetenz der jeweiligen Stelleninhaber zu beurteilen ist.
k) 0 0 Vor dem Hintergrund der zunehmenden Gruppenarbeit, hochflexiblen Fertigungsinseln, steigenden Qualitätserfordernissen und geringeren Stückzahlen ist in der Praxis ein Übergang vom Zeitlohn zur Akkordentlohnung abzusehen.

# Teil I

**Aufgabe 14:**
**Betriebswirtschaftliche Produktionsfaktoren (III):**

Welche der folgenden Aussagen sind richtig bzw. falsch?

    r f
a) 0 0 Die Fließfertigung ist als Produktionstyp der Fertigung häufig mit einem Taktzwang verbunden.
b) 0 0 Für die Einzelfertigung von Produkten ist es charakteristisch, dass sie in der Praxis im Rahmen der Fließfertigung mit hohem Taktzwang realisiert wird.
c) 0 0 Der so genannte Toyotismus geht beim Organisationstyp der Fertigung von einer Baustellenfertigung aus.
d) 0 0 In der Werkstättenfertigung ist der Einsatz der Betriebsmittel in der Regel flexibler als bei der Fließfertigung. Der Arbeitsteilungsgrad ist bei der Fließfertigung höher als in der Werkstättenfertigung.
e) 0 0 Die Gruppenfertigung versucht durch Kombination von Werkstätten- und Fließprinzip die Vorteile beider Organisationstypen zu realisieren.
f) 0 0 Werkstättenfertigung, Baustellenfertigung, Chargen- und Fließfertigung sind so genannte Organisationstypen der Fertigung.
g) 0 0 Bei der ABC-Analyse haben so genannte C-Materialien einen hohen Mengenanteil und einen vergleichsweise niedrigen Wertanteil.
h) 0 0 Der so genannte Zeitwert von Betriebsmitteln bleibt im Gegensatz zum Gebrauchswert meist über längere Zeit konstant. Der Gebrauchswert sinkt in der Regel nach der erstmaligen Inbetriebnahme von Betriebsmitteln stark ab.
i) 0 0 Bei der Chargenfertigung können aufgrund fehlender Prozesskonstanz ungewollte Produktdifferenzierungen auftreten. Gleiches gilt für die so genannte Sortenfertigung, bei der die Produktdifferenzierungen allerdings auf die mangelnde Konstanthaltung der Einsatzstoffe zurückzuführen ist. In beiden Fällen liegt eine Massenfertigung vor.
j) 0 0 Die ABC-Analyse kann auch für Tätigkeitsarten, die Kostenstellenbildung und/oder für Umsatzanalysen herangezogen werden.
k) 0 0 Nach Gutenberg kombiniert der dispositive Faktor die so genannten Elementarfaktoren. Zu den Elementarfaktoren gehören auch die ausführende Arbeit und die Werkstoffe.

# 2. Lösungen (umfangreiche Blöcke)

**Aufgabe 1:**
Die Betriebswirtschaft im System der Wissenschaften und ihre Methoden und Aussagen:

a) r  b) r  c) f  d) f  e) r  f) r  g) f  h) f  i) r  j) r  k) f

**Aufgabe 2:**
Wirtschaftliches Handeln und betriebswirtschaftliche Ziele:

a) r  b) r  c) f  d) r  e) f  f) r  g) f  h) f  i) r  j) r  k) f

**Aufgabe 3:**
Umwelt-, Güter- und Geldbeziehungen sowie Typologien von Betriebswirtschaften:

a) f  b) r  c) r  d) r  e) r  f) f  g) r  h) f  i) r  j) f  k) r

**Aufgabe 4:**
Betriebswirtschaftliche Ansätze (I):

a) r  b) r  c) r  d) r  e) f  f) r  g) r  h) r  i) f  j) f  k) r

**Aufgabe 5:**
Betriebswirtschaftliche Ansätze (II):

a) f  b) f  c) r  d) f  e) f  f) r  g) r  h) r  i) f  j) r  k) r

**Aufgabe 6:**
Betriebswirtschaftliche Ansätze (III):

a) r  b) f  c) r  d) r  e) f  f) f  g) r  h) r  i) r  j) r  k) f

**Aufgabe 7:**
Betriebswirtschaftliche Ansätze (IV):

a) f  b) f  c) r  d) f  e) r  f) r  g) r  h) f  i) r  j) r  k) r

# Teil I

**Aufgabe 8:**
Betriebswirtschaftliche Ansätze (V):

a) r  b) r  c) r  d) f

**Aufgabe 9:**
Betriebswirtschaftliche Ansätze (VI):

a) r  b) r  c) f  d) f  e) r  f) r  g) r

**Aufgabe 10:**
Betriebswirtschaftliche Ansätze (VII):

a) r  b) r  c) f  d) f  e) r  f) r  g) r  h) f  i) r  j) r  k) f

**Aufgabe 11:**
Konstitutive Entscheidungen:

a) r  b) r  c) r  d) f  e) r  f) f  g) f  h) f  i) f  j) r  k) r

**Aufgabe 12:**
Betriebswirtschaftliche Produktionsfaktoren (I):

a) r  b) r  c) f  d) f  e) r  f) r  g) r  h) r  i) f  j) r  k) f

**Aufgabe 13:**
Betriebswirtschaftliche Produktionsfaktoren (II):

a) f  b) f  c) f  d) r  e) r  f) r  g) r  h) r  i) r  j) f  k) f

**Aufgabe 14:**
Betriebswirtschaftliche Produktionsfaktoren (III):

a) f  b) f  c) f  d) r  e) r  f) f  g) r  h) f  i) f  j) r  k) r

# Teil I

## 3. Multiple-Choice-Aufgaben – kurze Blöcke

Im Gliederungspunkt 4 (ab S. 33) dieses Klausurtrainings sind die Lösungen aufgelistet.

### Aufgabe 1:
**Die Betriebswirtschaft im System der Wissenschaften und ihre Methoden und Aussagen:**

Welche der folgenden Aussagen sind richtig bzw. falsch?

    r f
a) 0 0 Deskriptive Aussagen beschreiben einen Sachverhalt, z. B. „der Schwan ist weiß", „die Kosten sinken", „der Umsatz steigt".
b) 0 0 Bei bekennend-normativen Aussagen handelt es sich gleichzeitig immer um wissenschaftsinstrumentelle Aussagen.
c) 0 0 Idealwissenschaftliche Methoden finden in der Betriebswirtschaftslehre keine Verwendung.
d) 0 0 Explikative Aussagen haben erklärenden Charakter.

### Aufgabe 2:
**Wirtschaftliches Handeln und betriebswirtschaftliche Ziele:**

Welche der folgenden Aussagen sind richtig bzw. falsch?

    r f
a) 0 0 „Soll die Gesamtkapitalrentabilität gesteigert werden, so kann dies durch eine Senkung der Kosten erreicht werden". Dies ist eine bekennend-normative Aussage.
b) 0 0 „Das einzelwirtschaftliche Gewinnstreben soll hinter dem Streben nach sozialer Gerechtigkeit und gesellschaftlichem Wohlstand zurückstehen". Dies ist eine bekennend-normative Aussage.
c) 0 0 „Um die Fixkosten pro Stück zu reduzieren, kann die Ausbringungsmenge gesteigert werden". Dies ist eine praktisch-normative Aussage.
d) 0 0 Betriebswirtschaftliche Ziele können auch im Einklang mit ökologischen und sozialen Zielen stehen. In diesem Fall liegen konfliktäre Ziele vor.

# Teil I

**Aufgabe 3:**
**Umwelt-, Güter- und Geldbeziehungen sowie Typologien von Betriebswirtschaften:**

Welche der folgenden Aussagen sind richtig bzw. falsch?

    r f
a) 0 0 Eigenkapitalgeber gehören in der nach Anspruchsgruppen strukturierten Umweltsystematik von Marr zu den externen Anspruchsgruppen.
b) 0 0 Die Intensität des Einsatzes von Managementmethoden, Planung und Organisation ist in Großunternehmen meist höher als in Klein- und Mittelstandsunternehmen.
c) 0 0 Unternehmen sind vor allem auch durch Güter- und Geldströme mit den Beschaffungs- und Absatzmärkten verbunden. Dabei sind die Güter- und Geldströme meist „gleichgerichtet".
d) 0 0 Die Eigenkapitalausstattung von deutschen Klein- und Mittelstandsunternehmen liegt im Durchschnitt weit höher als diejenige von deutschen Großunternehmen.


**Aufgabe 4:**
**Betriebswirtschaftliche Ansätze (I):**

Welche der folgenden Aussagen sind richtig bzw. falsch?

    r f
a) 0 0 Im situativen Ansatz bestimmt die Kontextsituation die Organisationsstrukturen in und zwischen Unternehmen.
b) 0 0 Der situative Ansatz hat seine theoretischen Wurzeln insbesondere im Bürokratieansatz von Max Weber und transaktionskostenorientierten Überlegungen von Coase (1937).
c) 0 0 Der situative Ansatz wird in Deutschland vor allem durch das Buch „Organisation" von Kieser und Kubicek vertreten. Darin steht die empirische Komponente der Organisationsforschung im Mittelpunkt.
d) 0 0 Die empirische Organisationsforschung untersucht vor allem auch die Beziehung zwischen Kontext und Organisationsstruktur. Hierarchien, Formalisierungsgrad und Spezialisierungsgrad sind dabei Größen, um den Kontext zu operationalisieren.

**Aufgabe 5:**
**Betriebswirtschaftliche Ansätze (II):**

Das Management eines Unternehmens versucht, mit dem Differenzen-Quotienten-Verfahren eine Kostenspaltung zu betreiben. Dafür hat es zu zwei Zeitpunkten ($T_1$ und $T_2$) mit unterschiedlichen Beschäftigungsgraden ($X_1$ und $X_2$) die jeweiligen Gesamtkostenumfänge ($K_1$ und $K_2$) ermittelt:

T1: K1 = 34.560.500 Euro    X1 = 1.726.000 Tonnen
T2: K2 = 51.900.000 Euro    X2 = 2.100.000 Tonnen

**Intervention:** Das Controlling revidiert nun die Zahlen. Danach soll der Beschäftigungsgrad in der zweiten Periode nicht bei 2.100.000 Tonnen, sondern bei 2.580.000 Tonnen gelegen haben.

Welche der folgenden Aussagen sind richtig bzw. falsch?

   r f
a) 0 0 Die „alten" Zahlen ergeben nach dem Differenzen-Quotienten-Verfahren einen Proportionalkostensatz von unter 30 Euro.
b) 0 0 Die „alten" Zahlen ergeben nach dem Differenzen-Quotienten-Verfahren negative Fixkosten, daher ist auch der Proportionalkostenansatz nicht realistisch.
c) 0 0 Auf der Basis der „alten" Zahlen ist zu vermuten, dass mit dem Differenzen-Quotienten-Verfahren überproportional ansteigende variable Kosten und/oder sprungfixe Kosten proportionalisiert wurden.
d) 0 0 Auf der Basis der „alten" Zahlen ist zu vermuten, dass mit dem Differenzen-Quotienten-Verfahren unterproportional ansteigende variable Kosten proportionalisiert wurden.
e) 0 0 Nach der Intervention erscheint der Proportionalkostensatz realistischer.
f) 0 0 Nach der Intervention liegen die zu schätzenden Fixkosten bei unter einer Million Euro.

## Aufgabe 6:
**Betriebswirtschaftliche Ansätze (III):**

Das Management des Unternehmens aus Aufgabe 5 versucht nun alternativ, mit dem mathematisch-analytischen Verfahren (Regressionsanalyse) die Kostenspaltung zu betreiben. Dafür zieht das Controlling die gleichen zwei Zeitpunkte ($T_1$ und $T_2$) mit den gleichen Werten für die Beschäftigungsgrade ($X_1$ und $X_2$) und die jeweiligen Gesamtkostenumfänge ($K_1$ und $K_2$) heran:

T1: K1 = 34.560.500 Euro     X1 = 1.726.000 Tonnen
T2: K2 = 51.900.000 Euro     X2 = 2.100.000 Tonnen

**Intervention:** Das Controlling revidiert nun die Zahlen (wie oben in Aufgabe 5) wieder. Danach soll der Beschäftigungsgrad in der zweiten Periode nicht bei 2.100.000 Tonnen, sondern bei 2.580.000 Tonnen gelegen haben.

Welche der folgenden Aussagen sind richtig bzw. falsch?

    r f
a) 0 0 Das mathematisch-analytische Verfahren bzw. die Regressionsanalyse sollte nicht herangezogen werden, weil in diesem Fall zu wenige Beobachtungswerte zur Verfügung stehen.
b) 0 0 Die „alten" Zahlen ergeben bei Anwendung des methematisch-analytischen Verfahrens den gleichen Proportionalkostensatz (wie bei der Anwendung des Differenzen-Quotienten-Verfahrens).
c) 0 0 Auf der Basis der „alten" Zahlen ist – wie beim Differenzen-Quotienten-Verfahren damit zu rechnen, dass überproportional ansteigende variable Kosten und/oder sprungfixe Kosten proportionalisiert werden.
d) 0 0 Das mathematisch-analytische Verfahren auf der Basis der „alten" Zahlen bestätigt – unabhängig vom vorliegenden Fall – immer die Ergebnisse des Differenzen-Quotienten-Verfahrens.
e) 0 0 Nach der Intervention erscheint der Proportionalkostensatz auch beim Regressionsverfahren realistischer.
f) 0 0 Nach der Intervention liegen die zu schätzenden Fixkosten bei unter einer Million Euro.
g) 0 0 Bei nur zwei Vergleichszeitpunkten bestätigt das Regressionsverfahren die Ergebnisse des Differenzen-Quotienten-Verfahrens.

# Teil I

**Aufgabe 7:**
**Betriebswirtschaftliche Ansätze (IV):**

Es sei die folgende Entscheidungstabelle gegeben (vgl. dazu auch die Aufgabe 8 in Punkt 1. Multiple-Choice-Aufgaben – umfangreiche Blöcke).

| Alternativen | Umweltsituationen | | | |
|---|---|---|---|---|
| | S1 | S2 | S3 | S4 |
| a1 | 12 | 1 | 10 | 1 |
| a2 | 11 | 3 | 2 | 3 |
| a3 | 4 | 6 | 6 | 2 |
| a4 | 3 | 3 | 3 | 9 |
| a5 | 10 | 1 | 2 | 2 |

Welche der folgenden Aussagen sind richtig bzw. falsch?

   r f
a) 0 0 Für die Anwendung der Bayes-Entscheidungsregel seien für alle vier Umweltzustände die Wahrscheinlichkeiten gleichverteilt. In diesem Fall wäre die Alternative a2 zu wählen.
b) 0 0 Bei Hinzunahme einer zusätzlichen Alternative a6 mit den Ergebnissen von 11 für S1, 12 für S2, 13 für S3 und 14 für S4 wäre bei Anwendung der Maximax-Entscheidungsregel diese Alternative zu wählen.
c) 0 0 Bei Anwendung der Optimismus-Pessimismus-Entscheidungsregel mit einem Pessimismusfaktor von 0,5 wäre bei Hinzunahme der o.g. Altnernative a6 diese Alternative a6 zu wählen.
d) 0 0 Unterstellt man negative Ergebniswerte (Verluste) und wiederum die Hinzunahme der o.g. Alternative a6 (mit Verlustwerten), dann wäre a6 auch bei Anwendung der Minimax-Entscheidungsregel zu wählen.

## Aufgabe 8:
**Betriebswirtschaftliche Ansätze (V):**

Welche der folgenden Aussagen sind richtig bzw. falsch?

r f

a) 0 0 Spezifität, Unsicherheit und Opportunismus gehören zu den Komponenten des von Williamson entwickelten „organizational failure framework". Dabei gilt u.a., dass mit zunehmender Spezifität die so genannte Quasi-Rente steigt.

b) 0 0 Ein Nachteil bzw. Problem des transaktionskostenorientierten Ansatzes besteht darin, dass sich die Transaktionskosten häufig quantitativ nicht exakt messen lassen.

c) 0 0 Je höher die so genannte Häufigkeit – als eine Einflussgröße der Transaktionskosten –, desto höher sind in der Regel die Transaktionskosten und desto eher sollten hierarchische Koordinationsformen gewählt werden.

d) 0 0 Im Zuge einer Transaktion kann sich eine a-priori large selection Situation a-posteriori zu einem small numbers Problem entwickeln.


## Aufgabe 9:
**Konstitutive Entscheidungen – Standortwahl:**

Welche der folgenden Aussagen sind richtig bzw. falsch?

r f

a) 0 0 Das Prinzip der homogenen Fläche bei den mathematisch-analytischen Standortbewertungsverfahren trägt der Tatsache Rechnung, dass es Präferenzen für einen Standort gibt.

b) 0 0 Insbesondere so genannte Ubiquitäten sind dafür verantwortlich, dass bestimmte Standorte attraktiver sind als andere.

c) 0 0 Arbeitskosten und Arbeitszeiten sind Standortfaktoren, bei denen Deutschland im internationalen Vergleich eher schlecht abschneidet. Derartige Standortnachteile können durch flexible Arbeitszeitsysteme zum Teil kompensiert werden.

d) 0 0 Das Standortfaktorenschema von Behrens unterscheidet auf der Absatz- und Beschaffungsseite in Potenziale und Kontakte.

## Aufgabe 10:
**Betriebswirtschaftliche Produktionsfaktoren (I):**

Welche der folgenden Aussagen sind richtig bzw. falsch?

r f
a) 0 0 Bei der Summarik wird die Arbeit als Ganzes bewertet. Bei der Analytik kann man sich an dem Anforderungskatalog des Genfer Schemas orientieren. Es weist u.a. die Anforderungsart „Können" auf.
b) 0 0 Der Akkordrichtsatz ist in der Regel höher als der Zeitlohn. Der Akkordzuschlag liegt in der Praxis zwischen 15 und 25 Prozent des so genannten Akkordgrundlohns.
c) 0 0 Je höher die Mengenleistung, desto höher der Akkordzuschlag.
d) 0 0 Das individuelle Entgelt ist beim Zeitlohn bei Normalleistung geringer als bei Akkordlohn bei Normalleistung.


## Aufgabe 11:
**Betriebswirtschaftliche Produktionsfaktoren (II):**

Welche der folgenden Aussagen sind richtig bzw. falsch?

r f
a) 0 0 Flexible Arbeitszeiten können mit verschiedenen Entgeltsystemen gekoppelt werden. So können Prämien auch für einen kapazitätsorientierten Arbeitszeiteinsatz bezahlt werden, wenn dadurch u.a. Leerzeiten vermieden werden können.
b) 0 0 Die tarifliche Arbeitszeit kann u.a. hinsichtlich ihrer chronologischen Dimension in Betriebsvereinbarungen flexibel gestaltet werden. Der kapazitätsorientierte Jahresarbeitszeitvertrag setzt u.a. an der chronologischen Dimension der Arbeitszeit an.
c) 0 0 Die analytische Arbeitsbewertung versucht anhand verschiedener Leistungsindikatoren die Arbeitsschwierigkeit auf Arbeitsplätzen zu messen.
d) 0 0 Der analytisch bestimmte Arbeitswert liegt in der Werkstättenfertigung in der Regel oberhalb des Arbeitswertes in der Fließfertigung.

## Aufgabe 12:
**Betriebswirtschaftliche Produktionsfaktoren (III):**

Welche der folgenden Aussagen sind richtig bzw. falsch?

　　r f
a) 0 0 Handelt es sich um einen Werkstoff, der bei der ABC-Analyse der Kategorie A und bei der XYZ-Analyse der Kategorie X zuzuordnen ist, dann sollte nicht von Lagerhaltung Gebrauch gemacht werden.
b) 0 0 Ist im Bedarfsflexibilitäts-Beschaffungsmarktrisiko-Portfolio ein Werkstoff bei hohem Risiko und niedriger Flexibilität einzuordnen, sollten keine Abschöpfungs-, sondern Investitionsstrategien vorangetrieben werden. Im Einzelfall kann dies bedeuten, in eine Lieferantenbeziehung zu investieren (z. B. Erhöhung des vertikalen Integrationsgrades) oder zur Eigenfertigung überzugehen.
c) 0 0 Handelt es sich um einen Werkstoff, der bei der ABC-Analyse der Kategorie C und bei der XYZ-Analyse der Kategorie Z zugeordnet werden kann, dann sollte nicht Einzelbeschaffung, sondern vielmehr von Lagerhaltung Gebrauch gemacht werden.
d) 0 0 Betriebsmittel sind Potenzialfaktoren

# 4. Lösungen (kurze Blöcke)

**Aufgabe 1:**
Die Betriebswirtschaft im System der Wissenschaften und ihre Methoden und Aussagen:

a) r  b) f  c) f  d) r

**Aufgabe 2:**
Wirtschaftliches Handeln und betriebswirtschaftliche Ziele:

a) f  b) r  c) r  d) f

**Aufgabe 3:**
Umwelt-, Güter- und Geldbeziehungen sowie Typologien von Betriebswirtschaften:

a) r  b) r  c) f  d) f

**Aufgabe 4:**
Betriebswirtschaftliche Ansätze (I):

a) f  b) f  c) r  d) f

**Aufgabe 5:**
Betriebswirtschaftliche Ansätze (II):

a) r  b) r  c) r  d) f  e) r  f) r

**Aufgabe 6:**
Betriebswirtschaftliche Ansätze (III):

a) r  b) r  c) r  d) f  e) r  f) r  g) r

**Aufgabe 7:**
Betriebswirtschaftliche Ansätze (IV):

a) f  b) r  c) r  d) f

**Aufgabe 8:**
**Betriebswirtschaftliche Ansätze (V):**

a) r   b) r   c) f   d) r

**Aufgabe 9:**
**Konstitutive Entscheidungen – Standortwahl:**

a) f   b) f   c) r   d) r

**Aufgabe 10:**
**Betriebswirtschaftliche Produktionsfaktoren (I):**

a) r   b) r   c) f   d) r

**Aufgabe 11:**
**Betriebswirtschaftliche Produktionsfaktoren (II):**

a) r   b) r   c) f   d) r

**Aufgabe 12:**
**Betriebswirtschaftliche Produktionsfaktoren (III):**

a) r   b) r   c) r   d) r

# Teil II

## 1. Offen zu beantwortende Fragen und Aufgaben

**Hinweis:** Die Reihenfolge der Aufgaben orientiert sich weitgehend an der Reihenfolge der Präsentation der Inhalte innerhalb der Kapitel I bis IV in dem Lehrbuch von *Schneider, D.; Grundlagen der Betriebswirtschaftslehre – kompaktes Basiswissen, 2. Aufl., Norderstedt, 2016.* Im Gliederungspunkt 2 (ab S. 38) dieses Klausurtrainings befinden sich die Lösungen.

### Kapitel I: Theoretische Grundlagen

**Aufgabe 1:**
Nennen Sie einige Ziele von Wissenschaften.

**Aufgabe 2:**
Wie lauten die drei wissenschaftlichen Methoden für die Ableitung wissenschaftlicher Aussagen?

**Aufgabe 3:**
Welche verschiedenen Modellarten kennen Sie?

**Aufgabe 4:**
Beschreiben Sie die zwei Ausprägungen des Rationalprinzips.

**Aufgabe 5:**
Erläutern Sie den Unterschied zwischen Produktivität einerseits und Wirtschaftlichkeit andererseits.

**Aufgabe 6:**
Wie hoch muss der Kapitalumschlag sein, wenn bei einer Umsatzrendite von 4 Prozent ein ROI von 18 Prozent erreicht werden soll?

**Aufgabe 7:**
Welche Zieldimensionen kennen Sie?

## Aufgabe 8:
Welche Zielbeziehungen kennen Sie?

## Aufgabe 9:
Gegeben seien die in der unten dargestellten Tabelle aufgelisteten Daten über ein Unternehmen für den Umsatz, die Kosten und den Kapitalumschlag für jeweils vier Perioden. Bitte beantworten Sie folgende Fragen:

|  | Perioden | | | |
|---|---|---|---|---|
|  | I | II | III | IV |
| Umsatz (gesamt) | 120 | 180 | 150 | 280 |
| Kosten (gesamt) | 80 | 200 | 125 | 200 |
| Kapitalumschlag | 1,2 | 1,5 | 1,2 | 1,4 |

a) Wie hoch war der ROI in den Perioden I, II und IV?
b) Wie hoch ist die so genannte Umsatztotalrentabilität?
c) Wie hoch ist die Umsatzrentabilität in Periode III?
d) In welcher Periode war das eingesetzte (investierte) Kapital am höchsten?

## Aufgabe 10:
Welche Abgrenzungskriterien kann man für die Unterscheidung von KMU (Klein- und Mittelstandsunternehmen) und Großunternehmen heranziehen?

## Aufgabe 11:
Wann gelten Unternehmen als „Kleinstunternehmen"?

# Kapitel II: Betriebswirtschaftliche Ansätze

## Aufgabe 12:
Inwiefern ist der mechanistische Ansatz realitäts- und praxisnäher als die Neoklassik? Erarbeiten Sie hierzu mindestens vier wesentliche Unterschiede zwischen der Neoklassik und dem mechanistischen Ansatz.

# Teil II

**Aufgabe 13:**
Welche Arten der Anpassung an Beschäftigungsschwankungen sind in Anlehnung an die Produktionsfunktion von Typ B (Gutenberg) denkbar?

**Aufgabe 14:**
Beschreiben Sie die Komponenten und den Ablauf eines Regelkreissystems.

**Aufgabe 15:**
Skizzieren Sie im folgenden Format eine Gesamtertragsfunktion, bei der in der 1. Phase konstante Grenzerträge bei ansteigender Gesamtertragsfunktion bestehen, in der 2. Phase die Grenzerträge kontinuierlich ansteigen, in der 3. Phase bei konstanten (positiven) Grenzerträgen die Durchschnittserträge sinken und in der 4. Phase negative Grenzerträge bei noch positiven Durchschnittserträgen existieren.

|  |  |  |  |
|---|---|---|---|
| Phase 1 | Phase 2 | Phase 3 | Phase 4 |

**Aufgabe 16:**
In welche Haupt- und Unterphasen lässt sich der Entscheidungsprozess unterteilen?

**Aufgabe 17:**
Erläutern Sie den Zusammenhang zwischen Spezifität, small numbers Problem und Quasi-Rente.

**Aufgabe 18:**
Skizzieren Sie das Forschungskonzept des situativen Ansatzes.

## Aufgabe 19:
Leiten Sie auf der Basis des skizzierten Gesamtkostenverlaufs den Verlauf der Grenz- und der durchschnittlichen Fixkosten ab.

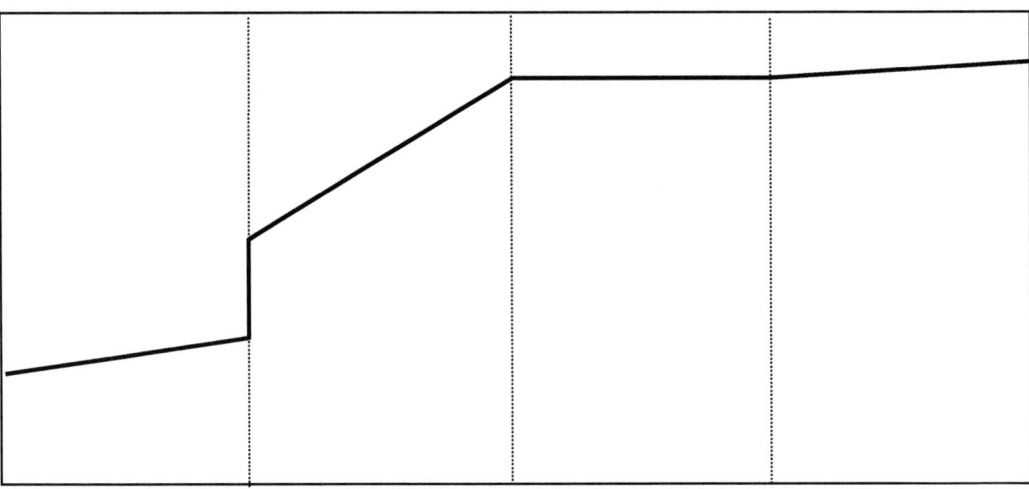

Formate für die Skizze der Grenzkosten und der durchschnittlichen Fixkosten

Phase 1   Phase 2   Phase 3   Phase 4

## Teil II

**Aufgabe 20:**
Benennen Sie zu den folgenden „Reizwörtern" den jeweiligen Ansatz der Betriebswirtschaftslehre.

| „Reizwort" | Betriebswirtschaftlicher Ansatz |
|---|---|
| black box | |
| kognitive Dissonanz | |
| vollkommene Information | |
| Limitationalität | |
| Repetierfaktor | |
| Coase | |
| Kontextvariable | |
| Ertragsgesetz | |
| Heinen | |
| Fayol und Taylor | |
| Anreiz-Beitrags-Theorie | |
| mutative Anpassung | |
| Schumpeter | |
| Differenzen-Quotienten-Methode | |
| Kostenspaltung | |

**Aufgabe 21:**
Nennen Sie zunächst Arten von Transaktionskosten. Erläutern Sie ferner anhand einer Skizze, inwiefern der Verlauf der Transaktionskosten von Informationsproblemen und den gewählten Koordinationsformen („Markt" und „Hierarchie") abhängt.

**Aufgabe 22:**
Wie hoch sind die Spezifität, die Quasi-Rente und die Transaktionskosten in der Neoklassik und welche Entwicklung nehmen die Koordinationsformen zwischen Markt und Hierarchie?.

## Kapitel III: Konstitutive Entscheidungen

**Aufgabe 23:**
Erläutern Sie die Beziehung zwischen Institutioneneinsatz und der Entwicklung von Unsicherheit. Gehen Sie dabei auch auf den "optimalen Institutioneneinsatz" ein.

**Aufgabe 24:**
Geben Sie jeweils ein Beispiel für eine a) horizontale, b) vertikale und c) diagonale Unternehmensverbindung.

**Aufgabe 25:**
Worin unterscheiden sich vertikale Rückwärts- und Vorwärtsintegration?

**Aufgabe 26:**
Führen so genannte Ubiquitäten zur Bevorzugung bestimmter Standorte?

**Aufgabe 27:**
Erläutern Sie einige Gründe für die Entstehung des Phänomens der Standortspaltung.

**Aufgabe 28:**
Bitte unterscheiden Sie Agglomerations-, Deglomerations- und Regionalfaktoren.

**Aufgabe 29:**
Was ist bei mathematisch-analytischen Standortbewertungsverfahren unter dem Konzept der „homogenen Fläche" im Vergleich zur „inhomogenen Fläche" zu verstehen?

**Aufgabe 30:**
Inwiefern können deskriptive Standortfaktorenkataloge im Zuge heuristischer und präskriptiv ausgelegter Standortbewertungsverfahren genutzt werden?

**Aufgabe 31:**
Welche Möglichkeiten der subjektiven Manipulation sehen Sie bei der praktischen Anwendung heuristischer Standortbewertungsverfahren?

**Aufgabe 32:**
Was versteht man unter dem so genannten „Standortwerterhöhungsspielchen"?

**Aufgabe 33:**
Welche Kriterien kann man für die Operationalisierung der Wettbewerbsfähigkeit (z. B. in Anlehnung an das IMD) heranziehen?

## Kapitel IV: Produktionsfaktoren

**Aufgabe 34:**
Welche Faktoren gehören zu den so genannten Elementarfaktoren im Produktionsfaktorensystem von Gutenberg?

**Aufgabe 35:**
Nennen Sie Ersatzgerechtigkeiten für den gerechten Lohn.

**Aufgabe 36:**
Welche Verfahren der Arbeitsbewertung lassen sich unterscheiden? Gehen Sie dabei auch auf die Art der Bewertung sowie auf die verschiedenen Formen der Quantifizierung der Arbeitsschwierigkeit ein.

**Aufgabe 37:**
Welche Anforderungsarten sind nach dem Genfer Schema zu unterscheiden?

**Aufgabe 38:**
Erläutern Sie einige Voraussetzungen für die Anwendung der Akkordentlohnung.

**Aufgabe 39:**
Nennen Sie einige Prämienbezugsgrößen.

**Aufgabe 40:**
Erläutern Sie die Unterschiede zwischen Zeit- und Gebrauchswert. Inwiefern haben Zeit- und Gebrauchswert entlang der Nutzung von Betriebsmitteln einen unterschiedlichen Verlauf?

**Aufgabe 41:**
Unterscheiden Sie zwischen Organisations- und Prozesstypen der Fertigung; zählen Sie jeweils einige Ausprägungen auf.

**Aufgabe 42:**
Welche Strategie empfehlen Sie (auf der Basis des Bedarfsflexibilitäts-Beschaffungsmarktrisiko-Portfolios) gegenüber einem Lieferanten, der Werkstoffe liefert, die sich durch (a) hohe Bedarfsflexibilität und geringes Beschaffungsmarktrisiko und (b) hohe Bedarfsflexibilität und hohes Beschaffungsmarktrisiko auszeichnen?

**Aufgabe 43:**
Welche Bereitstellungsform empfehlen Sie für a) AX-, b) AZ-Material?

**Aufgabe 44:**
Welche Bereitstellungsform empfehlen Sie für CY-Material?

# 2. Lösungshinweise

**Hinweis:** Die Angaben hinter den Aufgaben beziehen sich auf die Kapitel und Gliederungspunkte im Lehrbuch von *Schneider, D.; Grundlagen der Betriebswirtschaftslehre – kompaktes Basiswissen, 2. Aufl., Norderstedt, 2016.* Dort können die jeweiligen Stoffinhalte nachgelesen werden.

**Aufgabe 1:**
Nennen Sie einige Ziele von Wissenschaften. *(Kap. I, 1.1)*

*Die Ziele können allgemein in der Hilfe zur menschlichen Daseinsbewältigung liegen. Unterziele sind u.a. Orientierungsleistung, Wahrheitserkenntnis, Daseinsgestaltung und Aufklärung.*

**Aufgabe 2:**
Wie lauten die drei wissenschaftlichen Methoden für die Ableitung wissenschaftlicher Aussagen? *(Kap. I, 2.2)*

*Induktion, Deduktion und Hermeneutik*

**Aufgabe 3:**
Welche verschiedenen Modellarten kennen Sie? *(Kap. I, 2.3)*

*Nach der Art der Aussagen: Beschreibungs-, Erklärungs-, Prognose- u. Entscheidungsmodelle. Nach der Art des Eintritts von Ereignissen: deterministische, stochastische und spieltheoretische Modelle.*

**Aufgabe 4:**
Beschreiben Sie die zwei Ausprägungen des Rationalprinzips. *(Kap. I, 3.1)*

*Die Ausprägungen sind Minimalprinzip (mit dem Einsatz möglichst weniger Mittel ein bestimmtes Ziel erreichen) und Maximalprinzip (mit einem bestimmten Einsatz einen größtmöglichen Output zu erreichen).*

**Aufgabe 5:**
Erläutern Sie den Unterschied zwischen Produktivität und Wirtschaftlichkeit. *(Kap. I, 3.2 bzw. 3.2.1).*

*Die Produktivität bezeichnet das Verhältnis zwischen Outputmenge und Inputmenge (reine Mengenorientierung); bei der Wirtschaftlichkeit werden die Mengenansätze mit Werteinheiten verbunden, weshalb sie auch die Preisentwicklungen auf den Absatz- und Beschaffungsmärkten berücksichtigt.*

# Teil II

**Aufgabe 6:**
Wie hoch muss der Kapitalumschlag sein, wenn bei einer Umsatzrendite von 4 Prozent ein ROI von 18 Prozent erreicht werden soll? *(Kap. I, 3.2.1)*

*Es gilt: ROI = Umsatzrendite x Kapitalumschlag;
daraus folgt: Kapitalumschlag = ROI/Umsatzrendite, d.h. Kapitalumschlag = 18%/4% = 4,5.*

**Aufgabe 7:**
Welche Zieldimensionen kennen Sie? *(Kap. I, 3.2.1)*

*Zielinhalt, Zielausmaß und Zeitbezug des Ziels.*

**Aufgabe 8:**
Welche Zielbeziehungen kennen Sie? *(Kap. I, 3.2.2)*

*Komplementäre, konfliktäre (konkurrierende), indifferente und temporäre Zielbeziehungen.*

**Aufgabe 9**
Gegeben seien die in der Tabelle aufgelisteten Daten über ein Unternehmen. Bitte beantworten Sie folgende Fragen: *(Kap. I, 3.2.1)*

|  | Perioden | | | |
|---|---|---|---|---|
|  | I | II | III | IV |
| Umsatz (gesamt) | 120 | 180 | 150 | 280 |
| Kosten (gesamt) | 80 | 200 | 125 | 200 |
| Kapitalumschlag | 1,2 | 1,5 | 1,2 | 1,4 |

a) Wie hoch war der ROI in den Perioden I, II und IV?
   *I: 40%, II: -16,67%, IV: 40%*
b) Wie hoch ist die so genannte Umsatztotalrentabilität?
   *G(total) = 125; U(total) = 730; daraus folgt Umsatztotalrentabilität = 17,1%*
c) Wie hoch ist die Umsatzrentabilität in Periode III?
   *G(III) = 25; U(III) = 150; daraus folgt Umsatzrendite = 16,67%*
d) In welcher Periode war das eingesetzte (investierte) Kapital am höchsten?
   *Das investierte Kapital war in Periode IV mit 200 am höchsten.*

## Teil II

**Aufgabe 10:**
Welche Abgrenzungskriterien kann man für die Unterscheidung von KMU (Klein- und Mittelstandsunternehmen) und Großunternehmen heranziehen? *(Kap. I, 5.4)*

*Zunächst gibt es quantitative Abgrenzungskriterien (z. B. Umsatz, Mitarbeiteranzahl, Bilanzsumme); daneben gibt es qualitative Abgrenzungskriterien, z. B. aus personalwirtschaftlicher und organisatorischer Sicht (finanzielle Anreize, Aufstiegsmöglichkeiten, Organisationsstruktur usw.) und/oder aus Finanzierungs- und Führungssicht (Eigenkapitalausstattung, Finanzierungsmöglichkeiten, Eigentumsverhältnisse, Planung/Steuerung, Management- oder Eigentümerführung usw.).*

**Aufgabe 11:**
Wann gelten Unternehmen als „Kleinstunternehmen"? *(Kap. I, 5.4)*

*Von Kleinstunternehmen spricht man, wenn der Umsatz von Unternehmen bei bis zu zwei Mio. Euro liegt und das Unternehmen maximal neun Beschäftigte hat.*

**Aufgabe 12:**
Inwiefern ist der mechanistische Ansatz realitäts- und praxisnäher als die Neoklassik? Erarbeiten Sie hierzu mindestens vier wesentliche Unterschiede zwischen der Neoklassik und dem mechanistischen Ansatz. *(Kap. II, 1. und 3.)*

*Das Menschenbild im mechanistischen Ansatz unterstellt zwar einen „simple man", allerdings ist dies realitätsnäher als die neoklassische Unterstellung des vollkommen informierten und stets (objektiv) rational handelnden „homo oeconomicus". Im Vergleich zur neoklassischen „black-box-Sicht" wird im mechanistischen Ansatz ein realitätsnäherer organisatorischer Aufbau des Unternehmens gesehen (z. B. bei Fayol Einlinienprinzip, bei Taylor Mehrlinienprinzip). Damit werden auch die Informations- und Kommunikationsflüsse in Unternehmen, Unter- und Überstellungsverhältnisse sowie arbeitsteiliges Arbeiten in Unternehmen thematisiert.*

**Aufgabe 13:**
Welche Arten der Anpassung an Beschäftigungsschwankungen sind in Anlehnung an die Produktionsfunktion von Typ B (Gutenberg) denkbar? *(Kap. II, 4.)*

*Folgende Arten von Anpassungen sind danach denkbar: intensitätsmäßige Anpassung, zeitliche Anpassung, quantitative Anpassung, qualitativ-selektive Anpassung sowie Kombinationen dieser Anpassungsarten (daneben multiple und mutative Betriebsgrößenvariationen, die allerdings mit der quantitativen und qualitativen Anpassung korrespondieren).*

# Teil II

**Aufgabe 14:**
Beschreiben Sie die Komponenten und den Ablauf eines Regelkreissystems. *(Kap. I, 5.)*

*Ein Regelkreis besteht aus einer Führungsgröße (Sollwert), einer Komponente, die den Soll-Ist-Vergleich durchführt und einem Regler. Dieser soll über eine Stellgröße auf die Regelstrecke Einfluss nehmen, um die durch Störungen ausgelösten Soll-Ist-Differenzen zu reduzieren bzw. zu beseitigen.*

**Aufgabe 15:**
Skizzieren Sie im folgenden Format eine Gesamtertragsfunktion, bei der in der 1. Phase konstante Grenzerträge bei ansteigender Gesamtertragsfunktion bestehen, in der 2. Phase die Grenzerträge kontinuierlich ansteigen, in der 3. Phase bei konstanten (positiven) Grenzerträgen die Durchschnittserträge sinken und in der 4. Phase negative Grenzerträge bei noch positiven Durchschnittserträgen existieren. *(Kap. II, 4.)*

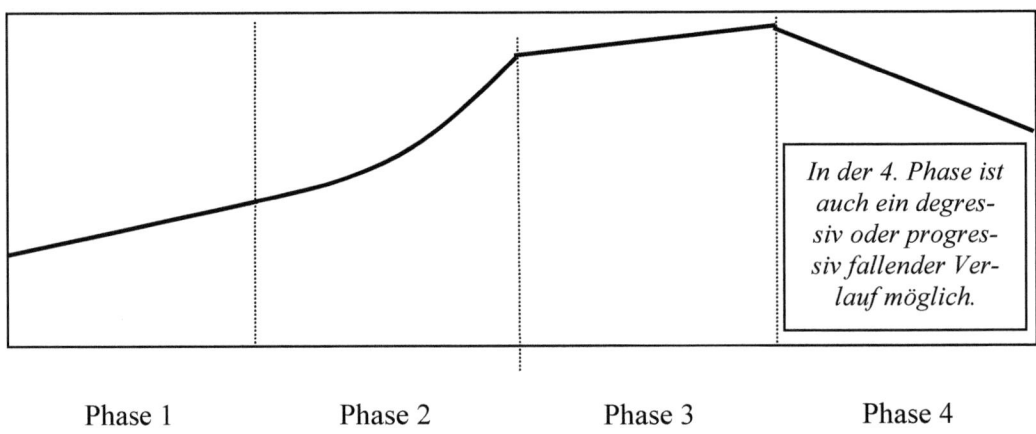

*In der 4. Phase ist auch ein degressiv oder progressiv fallender Verlauf möglich.*

Phase 1    Phase 2    Phase 3    Phase 4

**Aufgabe 16:**
In welche Haupt- und Unterphasen lässt sich der Entscheidungsprozess unterteilen? *(Kap. II, 8. bzw. 8.3.2.1)*

*Die Hauptphasen sind Willensbildung (mit den Unterphasen Anregung, Suche und Auswahl) und Willensdurchsetzung (welche die Unterphasen Vollzug und Kontrolle umfasst).*

**Aufgabe 17:**
Erläutern Sie den Zusammenhang zwischen Spezifität, small numbers Problem und Quasi-Rente. *(Kap. II, 9. bzw. 9.4)*

*Je höher die Spezifität, desto höher das small numbers Problem und die Quasi-Rente.*

**Aufgabe 18:**
Skizzieren Sie das Forschungskonzept des situativen Ansatzes. *(Kap. II, 6.)*

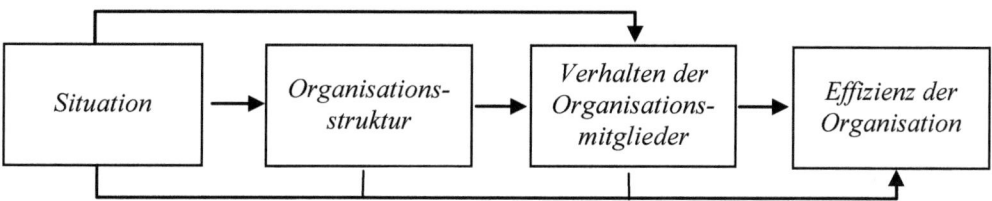

# Teil II

**Aufgabe 19:**
Leiten Sie auf der Basis des skizzierten Gesamtkostenverlaufs den Verlauf der Grenz- und der durchschnittlichen Fixkosten ab. *(Kap. II, 4.)*

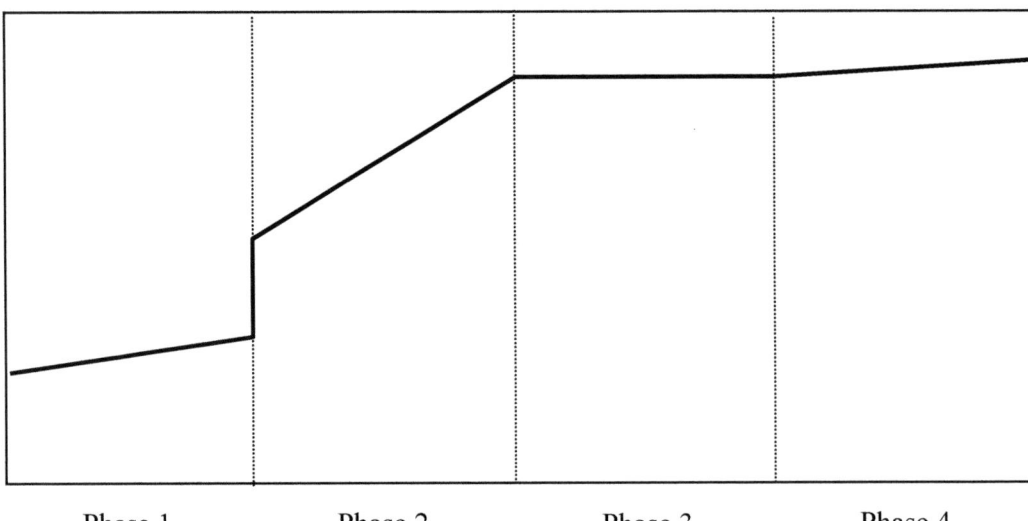

Formate für die Skizze der Grenzkosten und der durchschnittlichen Fixkosten

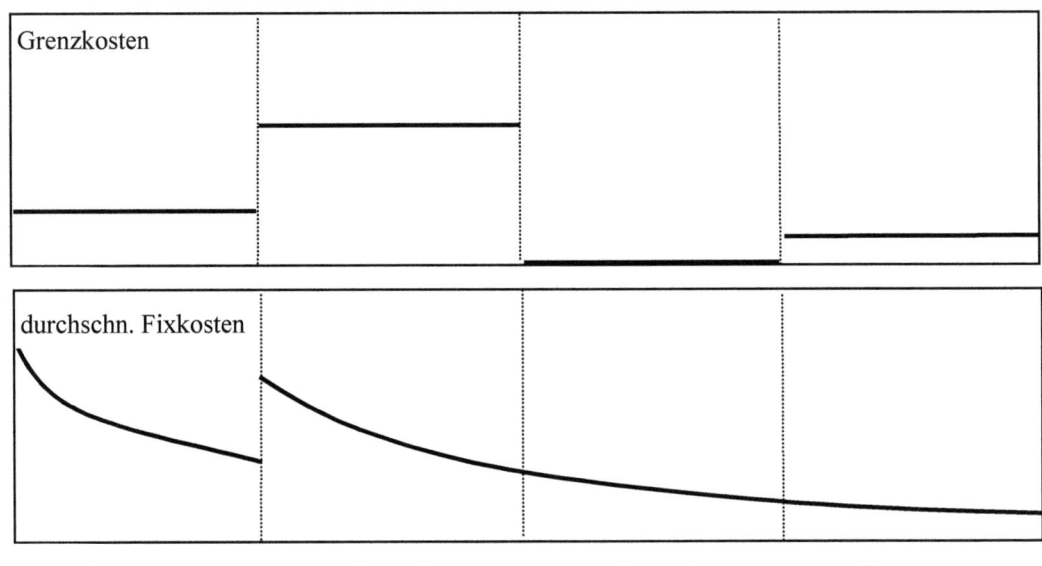

# Teil II

**Aufgabe 20:**
Benennen Sie zu den folgenden „Reizwörtern" den jeweiligen Ansatzen der Betriebswirtschaftslehre. *(Kap. II)*

| „Reizwort" | Betriebswirtschaftlicher Ansatz |
|---|---|
| black box | *Neoklassik* |
| kognitive Dissonanz | *entscheidungs-/verhaltensorientierter Ansatz* |
| vollkommene Information | *Neoklassik* |
| Limitationalität | *faktortheoretischer Ansatz* |
| Repetierfaktor | *faktortheoretischer Ansatz* |
| Coase | *Transaktionskostenansatz* |
| Kontextvariable | *situativer Ansatz* |
| Ertragsgesetz | *faktortheoretischer Ansatz* |
| Heinen | *entscheidungsorientierter Ansatz* |
| Fayol und Taylor | *mechanistischer Ansatz* |
| Anreiz-Beitrags-Theorie | *sozial-/verhaltensorientierter Ansatz* |
| mutative Anpassung | *faktortheoretischer Ansatz* |
| Schumpeter | *Austrianismus* |
| Differenzen-Quotienten-Methode | *faktortheoretischer Ansatz* |
| Kostenspaltung | *faktortheoretischer Ansatz* |

# Teil II

**Aufgabe 21:**
Nennen Sie zunächst Arten von Transaktionskosten. Erläutern Sie ferner anhand einer Skizze, inwiefern der Verlauf der Transaktionskosten von Informationsproblemen und den gewählten Koordinationsformen („Markt" und „Hierarchie") abhängt. *(Kap. II, 9.)*

*Arten von Transaktionskosten sind Anbahnungs-, Vereinbarungs-, Kontroll- und Anpassungskosten. Allgemein gilt: je höher die Informationsprobleme, desto höher sind die Transaktionskosten. Bei sehr hohen Informationsproblemen sollten eher hierarchische Koordinationsformen gewählt werden. Bei geringeren Informationsproblemen sollten dagegen marktliche Koordinationsformen gewählt werden (vgl. dazu auch das unten skizzierte „Transaktionskostenkalkül").*

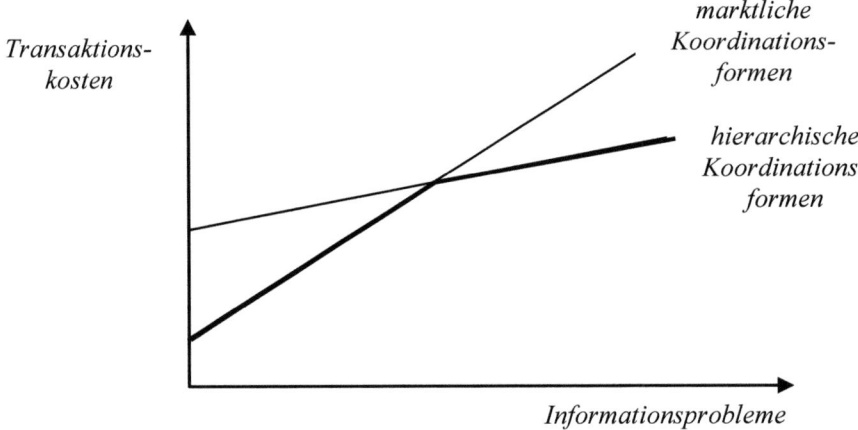

**Aufgabe 22:**
Wie hoch sind die Spezifität, die Quasi-Rente und die Transaktionskosten in der Neoklassik und welche Entwicklung nehmen die Koordinationsformen zwischen Markt und Hierarchie? *(Kap. II, 1. und Kap. II, 9.)*

*Spezifität, Quasi-Rente und Transaktionskosten sinken auf den Wert 0. Es ist – u.a. angesichts des technischen Fortschritts (vor allem neue/bessere Informations- und Kommunikationstechnologien) und vor allem dadurch sinkender Informationsprobleme davon auszugehen, dass eher hierarchische schrittweise in eher marktliche Koordinationsmuster transformiert werden (Vorbild: Neoklassik).*

# Teil II

**Aufgabe 23:**
Erläutern Sie die Beziehung zwischen Institutioneneinsatz und der Entwicklung von Unsicherheit. Gehen Sie dabei auch auf den „optimalen Institutioneneinsatz" ein. *(Kap. III, 1. und Kap. II, 9.)*

*Institutionen (Verträge, Normen, Rechtsregeln, Unternehmen usw.) reduzieren Unsicherheit. Mit Zunahme institutioneller Regelungen ist zunächst mit sinkender Unsicherheit zu rechnen. Allerdings kann ein übertriebener Einsatz institutioneller Regelungen ab einem bestimmten Ausmaß – optimaler Institutioneneinsatz – wiederum zu Unsicherheit führen. Dies ist insbesondere dann der Fall, wenn durch die Vielfalt an Institutionen für die Beteiligten und Betroffenen hohe Komplexität generiert wird und strittig ist, auf welche Institution vertraut werden soll, wenn die Vielfalt nicht mehr beherrscht werden kann bzw. sich die Institutionen subjektiv oder objektiv widersprechen (z. B. an einer Straßenkreuzung Ampel, Schutzmann, Hinweisschilder, Blinkanlage; viele, aber divergierende Rechtsgutachten; hohe Anzahl an Rechtsvorschriften und Urteilen mit Auslegungsunsicherheit zu einem Streitfall). Die Frage, bei welchem Ausmaß an institutionellen Regelungen die optimale Einsatzintensität liegt, ist – wenn überhaupt – bestenfalls subjektiv beantwortbar, weil auch der Umgang mit und das Empfinden von Unsicherheit subjektiven Charakter hat.*

**Aufgabe 24:**
Geben Sie jeweils ein Beispiel für eine a) horizontale, b) vertikale und c) diagonale Unternehmensverbindung. *(Kap. III, 2.)*

*Eine horizontale Unternehmensverbindung liegt vor, wenn ein Automobilzulieferunternehmen mit einem anderen Automobilzulieferunternehmen auf gleicher Wirtschaftsstufe kooperiert (oder sich beide Unternehmen zusammenschließen). Eine vertikale Verbindung liegt vor, wenn es sich um Unternehmen in der gleichen Wertkette handelt, z. B. im Fall eines Automobilherstellers und eines Zulieferunternehmens oder im Fall eines Bauunternehmens und einer Ziegelei. Bei der diagonalen Unternehmensverbindung arbeiten Unternehmen verschiedener Wirtschaftsstufen (Wertaktivitäten) und unterschiedlicher Wertketten zusammen (z. B. Ziegelei und Automobilunternehmen, Bauunternehmen und Zulieferbetrieb oder Computerhersteller und Bananenplantage).*

**Aufgabe 25:**
Worin unterscheiden sich vertikale Rückwärts- und Vorwärtsintegration? *(Kap. III, 2.)*

*Bei vertikaler Rückwärtsintegration integriert ein Unternehmen in der Wertkette Richtung Lieferant bzw. Rohstoffseite. Bei der vertikalen Vorwärtsintegration verläuft die Integration Richtung Kunde(nunternehmen) bzw. Absatzseite.*

**Aufgabe 26:**
Führen so genannte Ubiquitäten zur Bevorzugung bestimmter Standorte? *(Kap. III, 3. bzw. 3.1)*

*Ubiquitäten zeichnen sich dadurch aus, dass sie an sämtlichen Standorten kostenlos oder zu gleichen Kosten verfügbar sind. Insofern führen sie nicht zu einer Bevorzugung bestimmter Standorte. Sie sind hinsichtlich der Standortwahl neutral.*

**Aufgabe 27:**
Erläutern Sie einige Gründe für die Entstehung des Phänomens der Standortspaltung. *(Kap. III, 3. bzw. 3.1)*

*Gründe für die Standortspaltung können in der räumlichen Beengtheit eines (Gründungs-) Standorts eines expandierenden Unternehmens, in der Erschließung von neuen Märkten durch Produktionsverlagerungen oder in der Notwendigkeit liegen, dass ein Zulieferunternehmen von seinem Kundenunternehmen aufgefordert wird, in seiner Nähe Produktionsstätten zu eröffnen. Auch die Mitnahme von Subventionen und Förderungen an bestimmten Standorten (Grenzgebiete, Förderzonen) kann ein Grund für die Standortspaltung sein.*

**Aufgabe 28:**
Bitte unterscheiden Sie Agglomerations-, Deglomerations- und Regionalfaktoren. *(Kap. III, 3. bzw. 3.1)*

*Agglomerationsfaktoren tragen zur räumlichen Konzentration komplementärer Unternehmen bzw. Branchen bei, die sich gegenseitig „hochschaukeln" (z. B. Dienstleistungs- und Finanzzentren; Zentren der Biotechnologie). Deglomerationsfaktoren führen zur Dezentralisierung bzw. zur „Flucht" von Unternehmen vor bestimmten Standorten. Regionalfaktoren bewirken eine räumliche Ballung von Unternehmen durch bestimmte regionale Attraktivitätsmerkmale (Verkehrsknotenpunkte, günstige Infrastruktur, besonders gut qualifizierte oder billige Arbeitskräfte).*

**Aufgabe 29:**
Was ist bei mathematisch-analytischen Standortbewertungsverfahren unter dem Konzept der „homogenen Fläche" im Vergleich zur „inhomogenen Fläche" zu verstehen? *(Kap. III, 3.2.1)*

*Das Konzept der homogenen Fläche unterstellt eine unendliche Zahl möglicher Standorte (Punkte in einem Diagramm), für die im vorhinein keinerlei Präferenzen bestehen. Realitätsnäher ist das Konzept der „inhomogenen Fläche", bei der davon ausgegangen wird, dass nur eine endliche Zahl von Punkten (Standorten) in Frage kommt, weil bereits Präferenzen für gewisse Punkte bestehen bzw. bestimmte Punkte nicht als Standorte in Frage kommen (Gebirge, Gewässer usw.).*

**Aufgabe 30:**
Inwiefern können deskriptive Standortfaktorenkataloge im Zuge heuristischer und präskriptiv ausgelegter Standortbewertungsverfahren genutzt werden? *(Kap. III, 3.1, 3.2 und 3.2.2).*

*Heuristische Standortbewertungsverfahren, mit denen Standorte ausgewählt werden können, basieren auf (meist gewichteten) Kriterien, anhand derer verschiedene (vorausgewählte) Standorte bewertet werden. Im Rahmen der Suche und Entwicklung solcher Kriterien kann auf (deskriptiv ausgerichtete) Standortfaktorenkataloge (z. B. in Anlehnung an Behrens) zurückgegriffen werden.*

**Aufgabe 31:**
Welche Möglichkeiten der subjektiven Manipulation sehen Sie bei der praktischen Anwendung heuristischer Standortbewertungsverfahren? *(Kap. III, 3.2.2)*

*Vorauswahl der Standorte, Gewinnung der Bewertungskriterien, Gewichtung der Kriterien, Bewertung der Standorte, Besetzung des Standortteams.*

**Aufgabe 32:**
Was versteht man unter dem so genannten „Standortwerterhöhungsspielchen"? *(Kap. III, 3.2.2)*

*Mit der Errechnung der Standortwerte anhand eines heuristischen Standortbewertungsverfahrens ist die Standortwahl in der Regel noch nicht erfolgt. Vielmehr können die „unterlegenen" Standorte bzw. deren Vertreter aufgefordert werden, ihre Standortnachteile durch „Nachbessern" zu kompensieren, um höhere Standortwerte zu erreichen. Dazu können die Vertreter sämtlicher (vorausgewählter) Standorte aufgefordert werden, die damit quasi in einen Standortwettbewerb eintreten („Standortwerterhöhungsspielchen").*

**Aufgabe 33:**
Welche Kriterien kann man für die Operationalisierung der Wettbewerbsfähigkeit (z. B. in Anlehnung an das IMD) heranziehen? *(Kap III, 3.3)*

*Mit der Errechnung der Standortwerte anhand eines heuristischen Standortbewertungsverfahrens ist die Standortwahl in der Regel noch nicht erfolgt. Vielmehr können die „unterlegenen"*

**Aufgabe 34:**
Welche Faktoren gehören zu den so genannten Elementarfaktoren im Produktionsfaktorensystem von Gutenberg? *(Kap. II, 4. und/oder Kap. IV, 1.)*

*Nach Gutenberg gehören ausführende (objektbezogene) Arbeit, Betriebsmittel und Werkstoffe zu den Elementarfaktoren.*

**Aufgabe 35:**
Nennen Sie Ersatzgerechtigkeiten für den gerechten Lohn. *(Kap. IV, 2. und 2.1)*

*Zu den Ersatzgerechtigkeiten für Lohngerechtigkeit gehören Anforderungsgerechtigkeit, Leistungsgerechtigkeit, Verhaltensgerechtigkeit und Sozialgerechtigkeit (die Qualifikationsgerechtigkeit wird meist als Unterrubrik der Anforderungsgerechtigkeit aufgefasst).*

**Aufgabe 36:**
Welche Verfahren der Arbeitsbewertung lassen sich unterscheiden? Gehen Sie dabei auch auf die Art der Bewertung sowie auf die verschiedenen Formen der Quantifizierung der Arbeitsschwierigkeit ein. *(Kap. IV, 2.1)*

*Die verschiedenen Verfahren der Arbeitsbewertung zeigt folgende Abbildung:*

|          | *Summarik*                              | *Analytik*              |
|----------|-----------------------------------------|-------------------------|
| *Reihung* | *Rangfolgeverfahren*                    | *Rangreihenverfahren*   |
| *Stufung* | *Lohngruppenverfahren (Katalogverfahren)* | *Stufenwertzahlverfahren* |

**Aufgabe 37:**
Welche Anforderungsarten sind nach dem Genfer Schema zu unterscheiden? *(Kap. IV, 2.1)*

*Das Genfer Schema kennt folgende Anforderungsarten: Können (körperlich, geistig), Belastung (körperlich, geistig), Verantwortung und Arbeitsbedingungen.*

**Aufgabe 38:**
Erläutern Sie einige Voraussetzungen für die Anwendung der Akkordentlohnung. *(Kap. IV, 2.1)*

*Folgende Akkordvoraussetzungen sind bei der Einführung zu beachten: Akkordfähigkeit (Bekanntheit, Regelmäßigkeit und Wiederholbarkeit der Arbeit), Akkordreife (keine Ablaufmängel, keine störenden Einflüsse, Beherrschung der Arbeit nach Einarbeitung), Beeinflussbarkeit der Leistungsmengen.*

**Aufgabe 39:**
Nennen Sie einige Prämienbezugsgrößen. *(Kap. IV, 2.1)*

*Mögliche Prämienbezugsgrößen sind: Leistungsmengen, Betriebsmittelausnutzung, Qualität, Materialersparnis, Umsatz, Kundenzufriedenheit.*

**Aufgabe 40:**
Erläutern Sie die Unterschiede zwischen Zeit- und Gebrauchswert. Inwiefern haben Zeit- und Gebrauchswert entlang der Nutzung von Betriebsmitteln einen unterschiedlichen Verlauf? *(Kap. IV, 3.1)*

*Der Zeitwert zeigt den Marktwert des Betriebsmittels (z. B. bei Veräußerung). Der Gebrauchswert repräsentiert den (subjektiven) Wert bzw. Nutzwert für den „Gebrauchenden". Im Gegensatz zum Zeitwert verliert er entlang der Nutzung kaum an Wert und bleibt zunächst relativ konstant. Meist sinkt der Gebrauchswert erst am Ende der Nutzungszeit merklich ab. Der Zeitwert verliert dagegen in der Regel schon am Anfang der Nutzung stark an Wert.*

**Aufgabe 41:**
Unterscheiden Sie zwischen Organisations- und Prozesstypen der Fertigung; zählen Sie jeweils einige Ausprägungen auf. *(Kap. IV, 3.2 und 3.3)*

*Die Organisationstypen der Fertigung geben über die Anordnung der Betriebsmittel Auskunft. Dabei kann die Werkstattfertigung, bei der die Betriebsmittel verrichtungsorientiert angeordnet sind, von der Fließfertigung, bei der die Betriebsmittel nach dem Objekt- bzw. Produktprinzip angeordnet sind, unterschieden werden. Daneben gibt es die Gruppenfertigung (grob interpretiert als Kombination aus Werkstatt- und Fließfertigung) und die Baustellenfertigung (ortsfeste bzw. standortinvariable Fertigung am Montage-/Verbauort). Die Prozesstypen der Fertigung orientieren sich an der Anzahl der gleichartigen Outputprodukte (und damit an der Wiederholungshäufigkeit gleichartiger Fertigungsvorgänge). Dazu gehören die Einzelfertigung, die Serienfertigung (mit Chargen- und Sortenfertigung) und die Massenfertigung.*

**Aufgabe 42:**
Welche Strategie empfehlen Sie (auf der Basis des Bedarfsflexibilitäts-Beschaffungsmarktrisiko-Portfolios) gegenüber einem Lieferanten, der Werkstoffe liefert, die sich durch (a) hohe Bedarfsflexibilität und geringes Beschaffungsmarktrisiko und (b) hohe Bedarfsflexibilität und hohes Beschaffungsmarktrisiko auszeichnen? *(Kap. IV, 4.2)*

*a) Abschöpfungsstrategie*
*b) Selektive Strategie (z. B. vertikale Integrationsstrategie, Aufbau alternativer Lieferanten, um die Versorgungsrisiken zu reduzieren)*

**Aufgabe 43:**
Welche Bereitstellungsform empfehlen Sie für a) AX-, b) AZ- und c) CY-Material?
*(Kap. IV, 4.3 und 4.4)*

*a) bedarfssynchrone Beschaffung (just in time)*
*b) Einzelbeschaffung*

**Aufgabe 44:**
Welche Bereitstellungsform empfehlen Sie für a) AX-, b) AZ- und c) CY-Material?
*(Kap. IV, 4.3 und 4.4)*

*Lagerhaltung*

# Teil III

# Teil III

## Offen zu beantwortende Fragen und Aufgaben

**Hinweis:** Die Reihenfolge der Aufgaben orientiert sich weitgehend an der Reihenfolge der Präsentation der Inhalte innerhalb der Kapitel I bis IV in dem Lehrbuch von *Schneider, D.; Grundlagen der Betriebswirtschaftslehre – kompaktes Basiswissen, Norderstedt, 2016.* Hinter den Aufgabenstellungen befinden sich die jeweiligen Kapitel und Gliederungspunkte (kursiv) im o.g. Lehrbuch. Sie geben an, wo die für die Beantwortung bzw. Lösung erforderlichen Stoffinhalte nachgelesen werden können.

**Aufgabe 1:**
Beschreiben Sie den Standort der Betriebswirtschaftslehre vor dem Hintergrund der Unterscheidung in Ideal- und Realwissenschaften. *(Kap. I, 1.2)*

**Aufgabe 2:**
Erläutern Sie Prinzipien für die Gliederung der Betriebswirtschaftslehre sowie für die Bildung spezieller Betriebswirtschaftslehren. *(Kapitel I, 1.3)*

**Aufgabe 3:**
Was sind die (Haupt-) „Gegenstände" der wissenschaftlichen Betätigung der Betriebswirtschaftslehre? *(Kap. I, 2.1)*

**Aufgabe 4:**
Erläutern Sie den Unterschied zwischen deskriptiven, explikativen und prognostischen Aussagen. *(Kap. I, 2.3)*

**Aufgabe 5:**
Geben Sie jeweils für die Ihnen bekannten Modellarten ein Aussagenbeispiel. *(Kap. I, 2.3)*

**Aufgabe 6:**
Erläutern Sie den Unterschied zwischen bekennend-normativen Aussagen und praktisch-normativen Aussagen. *(Kap. I, 2.4)*

# Teil III

**Aufgabe 7:**
Beschreiben Sie ein Beispiel für eine temporäre Zielbeziehung in Anlehnung an die Kostenverläufe auf Basis des Ertragsgesetzes im Rahmen des so genannten faktortheoretischen Ansatzes. *(Kap. I, 3.2.2 und Kap. II, 3.2).*

**Aufgabe 8:**
Die Unternehmung ist in vielfältiger Art und Weise mit der Umwelt verbunden. Erläutern Sie in diesem Zusammenhang in Anlehnung an Marr interne und externe Anspruchsgruppen mit ihren spezifischen Zielwünschen. *(Kap. I, 4.1)*

**Aufgabe 9:**
Unterscheiden Sie die Sektoren der Drei-Sektoren-Hypothese; was besagt die Drei-Sektoren-Hypothese? *(Kap. I, 5.1)*

**Aufgabe 10:**
Welche Beziehungen sehen Sie zwischen der Bildung von Betriebstypologien und der Bildung von speziellen Betriebswirtschaftslehren? *(Kap. I, 1.3 und 5.2 bis 5.5)*

**Aufgabe 11:**
Welche Abgrenzungskriterien kann man für die Unterscheidung von Handwerks- und Industriebetrieben heranziehen? *(Kap. I, 5.5)*

**Aufgabe 12:**
Erarbeiten Sie einige wesentliche Unterschiede von Taylor und Fayol als Vertreter des mechanistischen Ansatzes. *(Kap. II., 3.)*

**Aufgabe 13:**
Im Zuge der Kostenfunktion auf Basis von Typ B gibt es verschiedene Anpassungsarten an Schwankungen der Beschäftigung.
a) Welche dieser Anpassungsarten sind bei geringen Beschäftigungsschwankungen ratsam? *(Kap. II, 4.3)*
b) Welche dieser Anpassungsarten sind bei größeren Beschäftigungsschwankungen ratsam? *(Kap. II, 4.3)*

**Aufgabe 14:**
Erläutern Sie die Begriffe Nutzkosten, Leerkosten und Kostenremanenz. *(Kap. II., 4.3)*

# Teil III

**Aufgabe 15:**
Erläutern Sie anhand einer Skizze, in der Sie die Kurververläufe einzeichnen, die Kostenwirkungen von Überstunden (mit Zuschlägen), um Beschäftigungssteigerungen an der Kapazitätsgrenze abzufangen. Bitte erläutern Sie dabei die Wirkungen für den Verlauf der Gesamtkostenkurve, die Fixkosten, die durchschnittlichen Fixkosten, die variablen Kosten, die durchschnittlichen variablen Kosten, die Durchschnittskosten sowie die Grenzkosten. *(Kap. II, 4.3)*

**Aufgabe 16:**
a) Welcher Unterschied besteht zwischen Regelung und Steuerung in Anlehnung an den systemorientierten Ansatz? *(Kap. II, 5.2)*
b) Erläutern Sie die „funktionalen Erfordernisse" der Lebensfähigkeit von Systemen. *(Kap. II, 5.3)*

**Aufgabe 17:**
Welche Kritikpunkte lassen sich hinsichtlich des situativen Ansatzes anbringen? *(Kap. II, 6.)*

**Aufgabe 18:**
a) Zählen Sie einige Anreize und Beiträge in Anlehnung an die Anreiz-Beitrags-Theorie auf. Können Anreize auch als Beiträge (bzw. umgekehrt) interpretiert werden (gegebenenfalls inwiefern)? *(Kap. II, 7.2)*
b) Erläutern Sie die Menschenbilder im verhaltensorientierten und neoklassichen Ansatz. *(Kap. II, 1. und 7.)*

**Aufgabe 19:**
Erläutern Sie das Grundkonzept des entscheidungsorientierten Ansatzes und seine jeweiligen Komponenten. *(Kap. II, 8.2)*

**Aufgabe 20:**
Skizzieren Sie in Anlehnung an die präskriptive Entscheidungstheorie ein Entscheidungstableau mit drei Umweltsituationen und vier Alternativen, bei der sowohl die Anwendung der Maximax- als auch der Maximin-Entscheidungsregel zur Alternative 2 führt. *(Kap. II, 8.3.1.3)*

# Teil III

**Aufgabe 21:**
Gegeben sei der im Phasenschema skizzierte Verlauf einer Gesamtkostenkurve eines Unternehmens. *(Kap. II, 4.)*

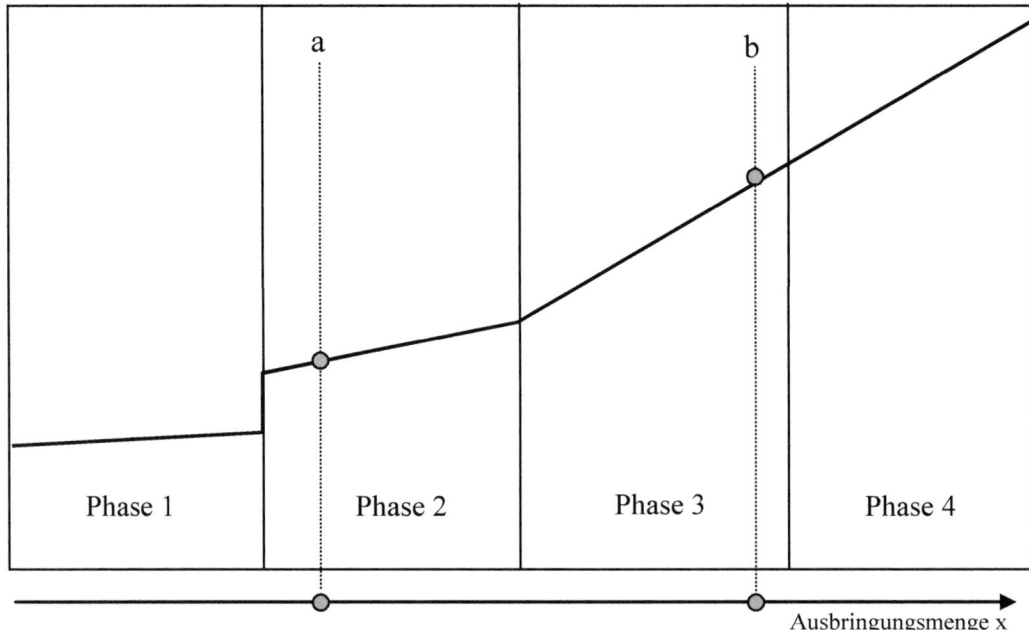

Frau Julia, die Geschäftsführerin des Unternehmens, macht dazu folgende Aussagen. Beurteilen Sie diese (richtig/falsch); verändern Sie diese Aussagen gegebenenfalls so, dass sie richtig werden (Achtung, dafür kann es mehrere Möglichkeiten geben).
Aussagen von Frau Julia zur Gesamtkostenkurve:
  a) Beim Übergang von Phase 1 zu Phase 2 entstehen „sprungfixe Kosten".
     Wird nur auf einem Mengenniveau von „a" gearbeitet, ergeben sich hohe Leer- und geringe Nutzkosten.
  b) Die Durchschnittskosten bei „a" sind niedriger als bei „b". Gleiches gilt für die Grenzkosten.
  c) Fixkostendegression und Durchschnittskostensenkung befinden sich entlang der Menge in einer indifferenten Zielbeziehung.
  d) Wenn die Kostenfunktion in Phase 1 lautet K = 30 + 0,2x, so könnte sie in Phase 2 und 3 lauten K = 55 + 0,3x und in Phase 4 K = 55 + 0,2x lauten.
  e) Wenn die Kostenfunktion in Phase 3 lautet K = 100 + 0,2x, dann könnte sie in Phase 1 lauten K = 20 + 0,15x. D. h. u.a., die Grenzkosten sind in Phase 1 höher als in Phase 3.

# Teil III

**Aufgabe 22:**
Im Phasenschema ist der Verlauf der Gesamtkostenkurve eingezeichnet. *(Kap. II, 4.)*

a) Leiten sie auf dieser Basis die Kurvenverläufe für die durchschnittlichen Fixkosten und die Grenzkosten ab.
b) Beurteilen Sie, ob in Punkt a die durchschnittlichen variablen Kosten höher sind als die Grenzkosten.

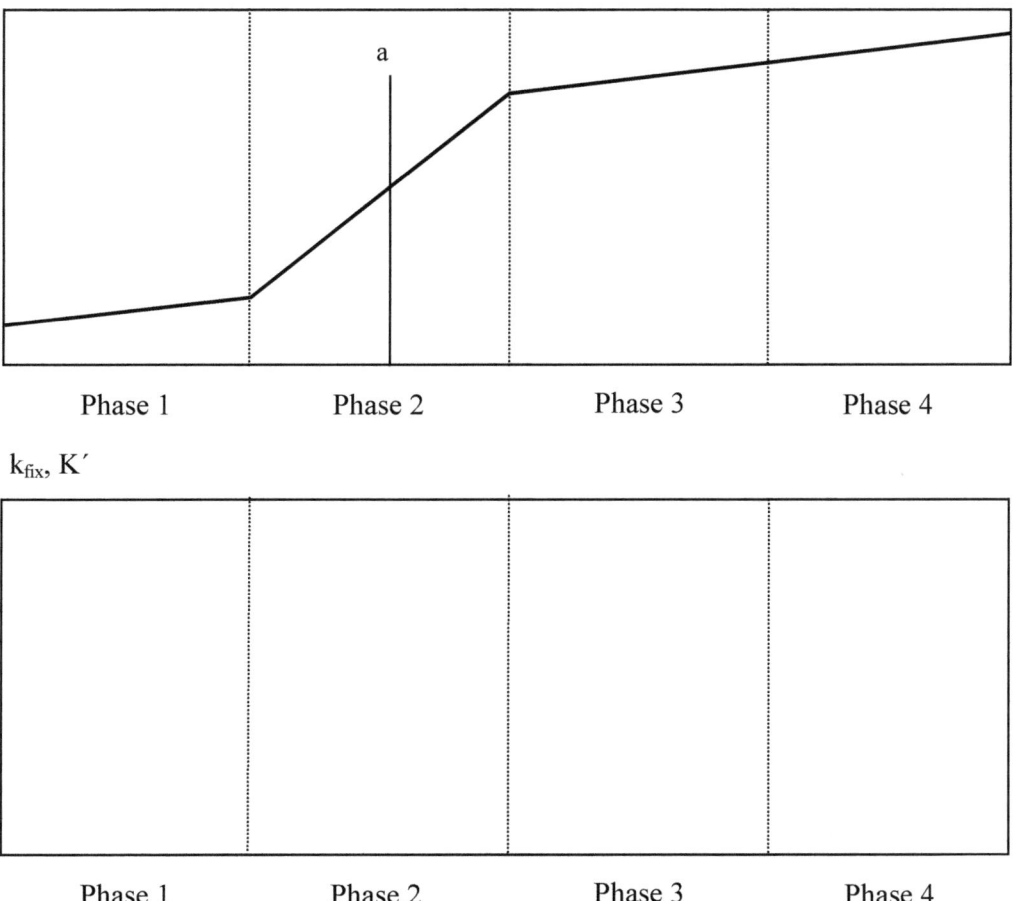

# Teil III

**Aufgabe 23:**
Ein Unternehmen hat zu verschiedenen Zeitpunkten (Ti) die jeweiligen Beschäftigungsgrade (Xi) und Gesamtkostenumfänge (Ki) ermittelt. Diese sind in der nachfolgenden Tabelle aufgelistet.

| $T_i$ | $X_i$ | $K_i$ |
|---|---|---|
| 1 | 393400 | 1108000 |
| 2* | 275400 | 1009000 |
| 3 | 400500 | 1100000 |
| 4 | 340000 | 1050000 |
| 5 | 600421 | 1850000 |
| 6 | 434500 | 1300000 |
| 7* | 190435 | 1000620 |
| 8 | 590400 | 1600000 |
| 9 | 720000 | 1905000 |
| 10 | 456654 | 1400500 |
| 11 | 560875 | 1550000 |
| 12 | 436005 | 1150000 |

a) Errechnen Sie mit dem mathematisch-statistischen Verfahren (Regressionsanalyse) die Fixkosten und die variablen Kosten je Einheit. *(Kap. II, 4.5)*

b) Das Controlling ist sich nicht sicher, ob die Beobachtungswerte für T = 2 und T = 7 richtig sind. Deshalb wird beschlossen, die Kostenspaltung ohne diese Werte vorzunehmen. Ohne zu rechnen – welche Konsequenzen erwarten Sie für die Fixkosten und die variablen Kosten je Einheit durch die Herausnahme dieser zwei Werte? *(Kap. II, 4.5)*

# Teil III

**Aufgabe 24:**
a) Nennen Sie für Entscheidungen unter Risiko und Unsicherheit jeweils eine Entscheidungsregel. *(Kap. II, 8.3.1.2 und 8.3.1.3)*
b) Unter welchen Bedinungen kann die Optimismus-Pessimismus-Entscheidungsregel in die ...
    ba) Maximax-Entscheidungsregel überführt werden? *(Kap. II, 8.3.1.3)*
    bb) Maximin-Entscheidungsregel überführt werden? *(Kap. II, 8.3.1.3)*
c) Mit welchen Kritikpunkten kann die präskriptive Entscheidungstheorie konfrontiert werden? *(Kap. II, 8.3.1 und 8.3.2)*

**Aufgabe 25:** *(Kap. II, 9.)*
a) Beschreiben Sie die Arten von Transaktionskosten und ihre Einflussgrößen am Beispiel der Personalbeschaffung.
b) Beschreiben Sie die Arten von Transaktionskosten und ihre Einflussgrößen für den Fall eines Partnervermittlungs- bzw. Eheanbahnungsinstituts.
c) Skizzieren Sie ein Beispiel für ein Kontinuum alternativer Koordinationsformen zwischen „Markt" und „Hierarchie".

**Aufgabe 26:**
Gegeben seien die in der Tabelle ausgewiesenen Güter 1, 2 und 3 sowie ihre jeweiligen Werte, welche sie in der erstbesten und zweitbesten Verwendungsart erreichen können. *(Kap. II, 9.4)*

|                     | Güter |       |       |
|---------------------|-------|-------|-------|
|                     | Gut 1 | Gut 2 | Gut 3 |
| 1.-beste Verwendung | 30    | 30    | 30    |
| 2.-beste Verwendung | 1     | 19    | 25    |

a) Ist die Quasi-Rente bei Gut 1 oder bei Gut 2 höher?
b) Welches Gut hat die höchste Spezifität?
c) Bei welchem Gut sind die Opportunitätskosten am geringsten?
d) Ist der Standardisierungsgrad bei Gut 1 oder bei Gut 3 niedriger?

**Aufgabe 27:**
Skizzieren Sie verschiedene Unternehmensverbindungen auf der Basis der verbundenen Wirtschaftsstufen. Gehen Sie dabei auch auf die Wirkung für das produkt- bzw. wertkettenseitige und wertaktivitätenseitige small numbers Problem ein. *(Kap. III, 2.)*

# Teil III

**Aufgabe 28:**
Erläutern Sie die Entstehung von Institutionen aus dem Bedarf der Reduzierung von Unsicherheit. Gehen Sie bei Ihrer Argumentation vor allem darauf ein, inwiefern die Institution Unternehmung für Arbeitnehmer und Arbeitgeber in der Lage ist, Unsicherheit zu reduzieren. *(Kap. III, 1.)*

**Aufgabe 29:**
Erläutern Sie folgende Begriffe: *(Kap III, 3.1)*
    a) gebundener Standort
    b) Ubiquität
    c) lokalisiertes Material
    d) Standortspaltung
    e) Agglomerationsfaktor
    f) Standortfaktorenkatalog

**Aufgabe 30:**
Welche kritischen Einwände kann man gegenüber den mathematisch-analytischen Vorgehensweisen der Standortwahl vorbringen? *(Kap. III, 3.2.1)*

**Aufgabe 31:**
Erläutern Sie kurz das Gewichtungs- und das Bewertungsproblem bei den heuristischen Standortbewertungsverfahren. *(Kap. III, 3.2.2)*

**Aufgabe 32:**
Wenden Sie ein heuristisches Standortbewertungsverfahren für den Fall der Standortwahl für ein Kernkraftwerk an, das in Deutschland gebaut werden soll. Wählen Sie hierfür exemplarisch mindestens drei Standorte. Außerdem sind mindestens zehn Standortkriterien zu entwickeln. Gewichten Sie diese Standortkriterien, bewerten Sie ihre vorausgewählten Standorte. Ermitteln Sie die jeweiligen Standortwerte. Interpretieren Sie anschließend Ihre Ergebnisse. *(Kap. III, 3.2.2)*

**Aufgabe 33:**
Skizzieren Sie eine ABC-XYZ-Matrix mit den Positionen der Güter A, B, C und D, wobei A und B durch just in-time und C durch Einzelbeschaffung bereitzustellen sind, während bei D von Lagerhaltung Gebrauch gemacht werden soll. *(Kap. IV, 4.3 und 4.4)*

# Teil III

**Aufgabe 34:**
Die unten tabellierten Informationen erlauben einen sehr vereinfachten Einblick in eine Bewertung verschiedener Standorte (Hinweis zu den Bewertungen: 0 = der Standort schneidet bei den Kriterien sehr ungünstig ab; 7 = der Standort schneidet bei den Kriterien sehr günstig ab). *(Kap. III, 3.2.2)*

| Standort-kriterium | Standorte | | |
|---|---|---|---|
| | Kempten | Essen | Bremen |
| E | 1 | 3 | 3 |
| F | 7 | 5 | 5 |
| L | 4 | 5 | 2 |
| N | 5 | 6 | 1 |
| D | 6 | 7 | 5 |
| A | 7 | 3 | 3 |
| O | 4 | 3 | 3 |
| Q | 3 | 4 | 1 |
| C | 5 | 5 | 5 |

Bitte beurteilen Sie folgende Aussagen (richtig/falsch) von Herrn Tobias, Leiter des Standortprojekts:

a) Bei ungewichteten Standortkriterien schneidet Kempten am besten und Essen am zweitbesten ab. Gleiches gilt für den Fall einer Gleichgewichtung der Standortkriterien.
b) Im Durchschnitt schneiden die Standorte bei dem Standortkriterium E am schlechtesten und bei Standortkriterium D am besten ab.
c) Durch eine entsprechende Gewichtung der Standortkriterien ist es möglich, dass Essen bester, Bremen zweitbester und Kempten schlechtester Standort wird (geben Sie bitte Beispiele für diese Gewichtungen an).
d) Unter Ausschaltung der Standortfaktoren D, A und C wäre Essen bester, Kempten zweitbester und Bremen drittbester Standort.
e) Unter Ausschaltung bestimmter Standortfaktoren ist es möglich, dass Bremen besser als Kempten abschneidet. Gleiches gilt nicht zwischen den Standorten Essen und Kempten.

# Teil III

**Aufgabe 35:**
Stellen Sie die Vor- und Nachteile von Zeitlohn, Akkordlohn und Prämienlohn dar. *(Kap. IV, 2.1)*

**Aufgabe 36:**
Beurteilen Sie die Ihnen bekannten Qualifizierungshypothesen, die im Zusammenhang mit dem technischen Fortschritt diskutiert werden, hinsichtlich ihrer Wirkung für die Anforderungswerte im Zuge der analytischen Arbeitsbewertung. *(Kap. IV, 2.1)*

**Aufgabe 37:**
Skizzieren Sie verschiedene Prämienverläufe in Abhängigkeit von der Prämienspanne und der Leistungsspanne. *(Kap. IV, 2.1)*

**Aufgabe 38:**
Aus welchen Gründen ist aus betriebswirtschaftlicher Sicht eine flexible Gestaltung der Arbeitszeit erforderlich? *(Kap. IV, 2.2)*

**Aufgabe 39:**
Erläutern Sie einige Arten der flexiblen Arbeitszeitgestaltung. *(Kap. IV, 2.2)*

**Aufgabe 40:**
Welcher Unterschied besteht zwischen Arbeits- und Betriebszeit? *(Kap. IV, 2.2)*

**Aufgabe 41:**
Erläutern Sie einige Vor- und Nachteile der verschiedenen Organisationstypen der Fertigung. *(Kap. IV, 3.2)*

**Aufgabe 42:**
Welche Beziehungen sehen Sie zwischen den Organisationstypen der Fertigung und
a) der Einführbarkeit flexibler Arbeitszeitsysteme? *(Kap. IV, 2.2 und 3.2)*
b) der Einführbarkeit von Zeit-, Akkord- und Prämienlohn? *(Kap. IV, 2.1 u. 3.2)*
c) der Höhe der anforderungsorientierten Arbeitswerte? *(Kap. IV, 2.1 u. 3.2)*

# Teil IV

## Probeklausuren

**Hinweis:** Die Reihenfolge der Aufgaben orientiert sich weitgehend an der Reihenfolge der Präsentation der Inhalte innerhalb der Kapitel I bis V in dem Lehrbuch von *Schneider, D.; Grundlagen der Betriebswirtschaftslehre – kompaktes Basiswissen, 2. Aufl., Norderstedt, 2016.* Für Probeklausur A und B gibt es ab S. 78 die Lösungen.

## 1. Probeklausur A

Prüfungsfach: **Grundlagen der Betriebswirtschaftslehre**
Prüfungsdauer: 90 Minuten Hilfsmittel: Taschenrechner

**Hinweise:** Die Klausur umfasst 2 Teile. **Teil A** besteht aus 9 Blöcken. Dabei können eine, mehrere oder alle Antworten *richtig* bzw. *falsch* sein. Bitte kreuzen Sie an. Sind Antworten als *richtig* gekennzeichnet, die *falsch* sind (bzw. umgekehrt), gibt es Punktabzüge. Wird nicht angekreuzt, so wirkt sich dies auf die Punkte nicht aus. Übertragen Sie Ihre Kreuze in den **"Lösungsteil"** am Ende von Teil A. **Teil B** besteht aus freien Fragen. Auf Teil A gibt es 55 Punkte; auf Teil B 65 Punkte. Viel Erfolg!!!!!

### Teil A

**r f Block 1:**
0 0 Die Betriebswirtschaftslehre, die Mathematik und die Logik gehören nicht zu den Realwissenschaften.
0 0 Der Ausgangspunkt der Betriebswirtschaftslehre liegt im entscheidungsorientierten Ansatz.
0 0 "Der Schwan ist weiß"; dabei handelt es sich um eine deskriptive Aussage.
0 0 Die Hermeneutik ist für Aussagenableitungen in den Idealwissenschaften sehr gut geeignet.
0 0 Das Rationalprinzip besagt u.a., dass mit einem bestimmten Input ein maximaler Output erzielt werden soll.

**r f Block 2:**
0 0 Trotz steigender Produktivität von t1 auf t2 kann der ROI von t1 auf t2 gesunken sein.
0 0 Absatz-, Beschaffungs- und Produktionslehre gehören zu den so genannten Funktionslehren.
0 0 Betriebswirtschaftliche Verfahrenslehren sind z. B. Buchhaltung und Netzplantechnik.
0 0 Die Produktionsfunktion vom Typ A geht von substitutionalen Produktionsprozessen aus.
0 0 Wettbewerbskräfte nach Porter sind z. B. Lieferanten, Kunden und Substitutionsprodukte.

# Teil IV

**r f Block 3:**
0 0 In Handwerksbetrieben ist der Arbeitsteilungsgrad meist höher als in Industriebetrieben.
0 0 Taylor ist Vertreter des mechanistischen Ansatzes. Heinen ist Vertreter des Transaktionskostenansatzes.
0 0 Im Systemansatz wird vom Menschenbild des so genannten homo oeconomicus ausgegangen.
0 0 Die Kostenfunktion nach Typ A unterstellt zunächst degressiv fallende und dann negative Grenzkosten
0 0 Bei der Kostenfunktion nach Typ A sinken die durchschnittlichen Fixkosten entlang der Menge.

**r f Block 4:**
0 0 Stückkostenprogressionen entstehen bei Absenkung der Beschäftigung durch Kostenremanenzprobleme.
0 0 Hohe Transaktionskosten wirken tauschhemmend bzw. -erschwerend für eine arbeitsteilige Wirtschaft.
0 0 Je geringer die Spezifität, desto geringer das small numbers Problem und die Quasi-Rente.
0 0 Die Kostenfunktion auf Basis der Produktionsfunktion vom Typ B berücksichtigt Transaktionskosten.
0 0 Intensitätsmäßige Anpassung an schwankende Beschäftigung liegt z. B. bei Überstunden vor.

**r f Block 5:**
0 0 Bei der selektiven Anpassung an die Beschäftigung handelt es sich gleichzeitig um multiple Anpassung.
0 0 Intervallfixe Kosten können durch mutative und multiple Betriebsgrößenanpassungen entstehen.
0 0 Betriebsmittel sind Potenzialfaktoren, Werkstoffe sind Repetierfaktoren.
0 0 Der Systemansatz geht bei der Regelung von einer Störungskompensation ohne Rückkoppelung aus.
0 0 Im Zentrum der präskriptiven Entscheidungstheorie steht die Suchphase von Entscheidungsprozessen.

**r f Block 6:**
0 0 Bei einem Optimismusfaktor von 0 wird die Maxi-Max-Regel in die Maxi-Min-Regel überführt.
0 0 Je weniger Alternativen in der Suchphase generiert werden, desto geringer ist die kognitive Dissonanz.
0 0 Vertikale Integration führt zur Verringerung des produktseitigen small numbers Problems.
0 0 Die deskriptive Entscheidungstheorie geht von einem vollkommen informierten Entscheidungsträger aus.
0 0 Je geringer der Kapitalumschlag, desto geringer die unternehmerische Bedeutung der Zinsentwicklung.

# Teil IV

**r  f Block 7:**
0  0  Bei Konsortien verlieren die beteiligten Unternehmen ihre rechtliche Selbständigkeit.
0  0  Deglomerationsfaktoren können zur Standortdezentralisierung von Unternehmen führen.
0  0  Bei Fusionen behalten die beteiligten Unternehmen die wirtschaftliche Selbständigkeit.
0  0  Die Arbeitsbewertung ist personenunabhängig, die Leistungsbewertung personenabhängig vorzunehmen.
0  0  Das Genfer Schema gehört zu den analytischen Arbeitsbewertungsverfahren.

**r  f Block 8 - zusammengesetzte MC-Statements; pro Statement 2 Punkte:**
0  0  Mit Zunahme der Leistung eines Mitarbeiters im Akkord steigt der prozentuale Akkordzuschlag. Der Akkordrichtsatz ist u.a. vom Akkordzuschlag und dem Ergebnis der Arbeitsbewertung abhängig.
0  0  Stufung und Reihung im Rahmen der Arbeitsbewertung können mit der analytischen und summarischen Arbeitsbewertung kombiniert werden. Das Rangreihenverfahren stellt eine Kombination aus Stufung und Analytik dar. Das Stufenwertzahlverfahren entsteht aus der Kombination aus Reihung und Analytik.
0  0  Sind analytische Arbeitsbewertungsverfahren so aufgebaut, dass sie bei der Arbeitsbewertung auch Umgebungseinflüsse einschließen, kann es bei Arbeitsplatzverschlechterungen zur Höhergruppierung kommen.
0  0  Bei limitationalen Einsatzverhältnissen, die bei der Produktionsfunktion nach Typ B unterstellt werden, werden Repetier- bzw. Potenzialfaktorenwechsel erschwert. Dies erleichtert i.d.R. für ein Kundenunternehmen den Wechsel zu alternativen Lieferanten für diese Faktoren.
0  0  Subjektive Manipulationsgefahren bestehen bei analytisch-mathematischen Standortwahlverfahren z. B. durch die Auswahl der Standortkriterien, die Festlegung ihrer Gewichte und die Wahl der Standortteammitglieder. Ubiquitäten führen nicht zur räumlichen Firmenballung.

**r  f Block 9 - zusammengesetzte MC-Statements; pro Statement 2 Punkte:**
0  0  Der Akkordrichtsatz ist i.d.R. höher als der Prämiengrundlohn. Letzterer ist in der Praxis niedriger als der Zeitlohn. Durch die Arbeitsbewertung wird im Vergleich zur Leistungsbewertung i.d.R. der geringere Umfang am individuellen Lohn bestimmt. Insofern wird die Arbeitsbewertung immer unwichtiger.
0  0  Der Prämienlohn ist z. B. auch dort einführbar, wo Arbeiten mit hohen Qualitäts-, Sicherheits-, Kreativitäts- und Sorgfaltsanforderungen verrichtet werden. Dies gilt nicht für den Akkordlohn. Wie beim Akkord, so kann auch beim Zeitlohn mit Leistungsbeurteilung die Menge eine Bemessungsgrundlage für die Leistung sein. Dies gilt für den Prämienlohn in der Praxis nicht.
0  0  Es ist davon auszugehen, dass die Prozess- und Organisationstypen der Fertigung Einfluss auf die Arbeitsanforderungen und auf den Arbeitswert im Zuge der Arbeitsbewertung haben. Der Organisationstyp der Fertigung „Fließfertigung" kommt vor allem bei Massenfertigung zum Einsatz. Die Werkstättenfertigung bietet sich für Kleinserien und Einzelfertigung an.
0  0  Diagonale Unternehmensverbindung liegt z. B. vor, wenn sich ein Bauunternehmen an einem Handelsunternehmen der Konsumgüterindustrie beteiligt; vertikale Unternehmensverbindung liegt z. B. vor, wenn ein Automobilunternehmen (z. B. BMW) Anteile an einem Zulieferunternehmen (z. B. Bosch) erwirbt.
0  0  Bei progressivem Gesamtkostenanstieg ergeben sich steigende Grenzkosten. Selbst bei sinkenden durchschnittlichen Fixkosten ist es möglich, dass die durchschnittlichen Stückkosten steigen.

# Teil IV

**Teil A - Lösungsteil:**

| Block 1 | Block 2 | Block 3 | Block 4 | Block 5 | Block 6 | Block 7 | Block 8 | Block 9 |
|---------|---------|---------|---------|---------|---------|---------|---------|---------|
| r f | r f | r f | r f | r f | r f | r f | r f | r f |
| 0 0 | 0 0 | 0 0 | 0 0 | 0 0 | 0 0 | 0 0 | 0 0 | 0 0 |
| 0 0 | 0 0 | 0 0 | 0 0 | 0 0 | 0 0 | 0 0 | 0 0 | 0 0 |
| 0 0 | 0 0 | 0 0 | 0 0 | 0 0 | 0 0 | 0 0 | 0 0 | 0 0 |
| 0 0 | 0 0 | 0 0 | 0 0 | 0 0 | 0 0 | 0 0 | 0 0 | 0 0 |
| 0 0 | 0 0 | 0 0 | 0 0 | 0 0 | 0 0 | 0 0 | 0 0 | 0 0 |

**Teil B**

**Aufgabe 1 (9 Punkte):**
Erstellen Sie eine Entscheidungsmatrix (-tabelle) nach dem Muster der präskriptiven Entscheidungstheorie mit drei Umweltsituationen und drei Alternativen, bei der sowohl die Anwendung der Maxi-Max-Regel als auch der Maxi-Min-Regel und der Optimismus-Pessimismus-Regel mit einem Optimismusfaktor von 0,5 stets zur Wahl von Alternative 1 führt.

**Aufgabe 2 (12 Punkte):**
Welche Bereitstellungs-/Beschaffungswege schlagen Sie in Anlehnung an die bekannte ABC-XYZ-Matrix für Werkstoffe vor, die wie folgt zu charakterisieren sind:

a) AZ-Werkstoff?
b) AX-Werkstoff?
c) CY-Werkstoff?
d) BX-Werkstoff?

# Teil IV

**Aufgabe 3 (8 Punkte):**
Nennen Sie die Ihnen bekannten Zielbeziehungen sowie Arten von Transaktionskosten:

**Aufgabe 4 (15 Punkte):**

|  | Periode 1 | Periode 2 | Periode 3 |
|---|---|---|---|
| Preis in €/Stück | 10 | 20 | 20 |
| variable Kosten in €/Stück | 5 | 14 | 15 |
| Fixkosten (Periode in €) | 400 | 500 | 200 |
| Investiertes Kapital (€) | 2000 | 2000 | 2000 |
| Absatz-/Produktionsmenge (Stück) | 100 | 100 | 100 |

Errechnen Sie (Ergebnisse bitte auf diese .............. Felder):

a) den absoluten Gewinn für die Periode 2:..................

b) die so genannte Umsatztotalrendite über alle 3 Perioden:..................

c) den Kapitalumschlag für die Periode 1:..................

d) den Kapitalumschlag für die Periode 2:..................

e) den ROI für die Periode 3:..................

f) das Ergebnis für die Periode 2 bei einer Absatz-/Produktionsmenge von 80 Stück:..................

**Aufgabe 5 (12 Punkte):**
Skizzieren sie in der Grafik eine Gesamtertragsfunktion, bei der in Phase 1 konstante Grenzerträge bei ansteigender Gesamtertragsfunktion bestehen, in Phase 2 die Grenzerträge kontinuierlich ansteigen, in Phase 3 bei konstanten Grenzerträgen von 0 die Durchschnittserträge sinken und in Phase 4 negative und konstante Grenzerträge bei positiven Durchschnittserträgen existieren.

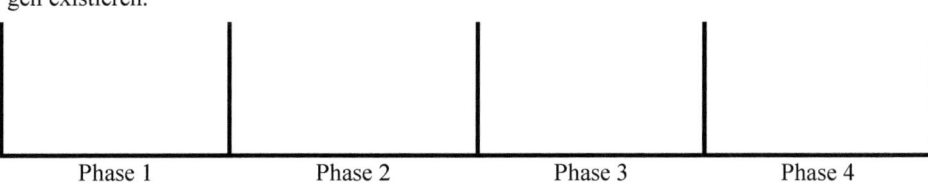

| Phase 1 | Phase 2 | Phase 3 | Phase 4 |

# Teil IV

**Aufgabe 6 (9 Punkte):**
Ordnen Sie folgende Inhalte den betriebswirtschaftlichen Ansätzen zu.
Beispiel: „Spezifität" >>> *Transaktionskostenansatz*

„Unternehmen ist black box" >>> ..................................................

„periphere Limitationalität" >>> ..................................................

„Anreiz-Beitrags-Theorie" >>> ..................................................

„Steuerung" >>> ..................................................

„Taylorismus" >>> ..................................................

„Alternativenauswahlkalkül" >>> ..................................................

## 2. Probeklausur B

Prüfungsfach: **Grundlagen der Betriebswirtschaftslehre**
Prüfungsdauer: 90 Minuten Hilfsmittel: Taschenrechner

**Hinweise:** Die Klausur umfasst 2 Teile. **Teil A** besteht aus 18 Blöcken. Dabei können eine, mehrere oder alle Antworten *richtig* bzw. *falsch* sein. Bitte kreuzen Sie an. Sind Antworten als *richtig* gekennzeichnet, die *falsch* sind (bzw. umgekehrt), gibt es Punktabzüge. Wird nicht angekreuzt, so wirkt sich dies auf die Punkte nicht aus. Übertragen Sie Ihre Kreuze in den **"Lösungsteil"** am Ende von Teil A. **Teil B** besteht aus freien Fragen. Auf Teil A gibt es 90 Punkte; auf Teil B 40 Punkte. Viel Erfolg!!!!!

## Teil A

**r f Block 1:**
0 0 Die Sozialwissenschaften und betriebswirtschaftlichen Funktionslehren gehören zu den Idealwissenschaften.
0 0 Die Aufklärungsfunktion von Wissenschaften löst oft ein hohes Kritikpotenzial und Überzeugungskonflikte aus.
0 0 Das hermeneutische Schließen ist für die Ableitung von Aussagen eher noch in den Real- als in den Idealwissenschaften nutzbar.
0 0 Explikative Aussagen beschreiben einen Sachverhalt, z. B. "der Schwan ist weiß".
0 0 Deduktion liegt nicht vor, wenn auf der Basis von Einzelbeobachtungen globale Aussagen abgeleitet werden.

# Teil IV

**r f Block 2:**
0  0  Der "ROI" resultiert aus der Addition zwischen Umsatzrentabilität und Kapitalumschlag.
0  0  Das Rationalprinzip besagt u.a., dass mit möglichst geringem Input ein maximaler Output erreicht werden soll. In dieser Fassung handelt es sich um das so genannte Maximalprinzip.
0  0  Folgende Aussage ist eine deskriptive Aussage: "Das Gewinnmaximierungsprinzip muss hinter dem Prinzip der Erzielung sozialer Gerechtigkeit zurückstehen".
0  0  Die Totalrentabilität ist in der Regel höher als die Periodenrentabilität.
0  0  In der Praxis werden Totalgewinne häufiger errechnet als Periodengewinne.

**r f Block 3:**
0  0  Die Allgemeine Betriebswirtschaftslehre widmet sich vor allem der Industriebetriebslehre.
0  0  Bekennend normative Aussagen sind nicht wertfrei.
0  0  Definitionen sind wissenschaftsinstrumentelle Aussagen, die z. B. zeitsparende Wirkung haben können.
0  0  Beschaffungs- und Produktionslehre gehören nicht zu den so genannten Verfahrenslehren.
0  0  Das produzierende Gewerbe gehört zum so genannten sekundären Sektor.

**r f Block 4:**
0  0  Gewinn- und Umsatzmaximierung können temporär in konfliktärer Zielbeziehung stehen.
0  0  Bei konfliktären Zielbeziehungen besteht zwischen Zielen eine negative Abhängigkeit, d.h. Zielausmaßsteigerungen bei Ziel 1 ziehen Zielausmaßreduzierungen bei Ziel 2 nach sich.
0  0  Zwischen ROI und Kapitalumschlag bestehen indifferente Beziehungen.
0  0  Die Allgemeine Betriebswirtschaftslehre besteht aus einem theoretischen Teil (Betriebswirtschaftspolitik) und einem angewandten Teil (Betriebswirtschaftstheorie).
0  0  Trotz hoher positiver Produktivitätsrate kann die Wirtschaftlichkeitsrate eines Unternehmens sogar negativ sein.

**r f Block 5:**
0  0  Die Macht von Kunden gegenüber einem Anbieterunternehmen ist u.a. davon abhängig, ob sie sich in einer small oder large numbers Situation befinden.
0  0  Das Ertragsgesetz geht von substitutionalen Produktionsprozessen aus.
0  0  Steuerberatende Unternehmen sind dem sekundären Sektor zuzuordnen.
0  0  Stochastische Modelle sind dadurch gekennzeichnet, dass der Eintritt von Ereignissen einer objektiven oder subjektiven Wahrscheinlichkeit unterliegt.
0  0  Die Gewinnung von objektiven Wahrscheinlichkeiten erfolgt auf der Basis von praktischen Erfahrungen.

**r f Block 6:**
0  0  Sinkende Grenzerträge führen in der Praxis meist zu sinkenden Grenzkosten.
0  0  Je höher die Fixkosten und je stärker die Rezession, desto höher die Leerkosten.
0  0  Die Produktionstheorie befasst sich mit den Beziehungen zwischen der Einsatzmenge an Produktionsfaktoren (Input) und dem Ertrag (Output).
0  0  Bei sinkender Beschäftigung können sich auf Stückkostenbasis Kostenprogressionen ergeben.
0  0  Wenn mit steigender Ausbringung die Fixkosten je Stück sinken, spricht man von Fixkostendegression.

# Teil IV

**r f Block 7:**
0 0 Im neuoklassischen Ansatz wird eine Welt ohne Transaktionskosten unterstellt, die vom Bild des homo oeconomicus ausgeht, der an begrenzten Informationsspeicher- und -verarbeitungskapazitäten leidet.
0 0 Im faktortheoretischen Ansatz beruhen die Annahmen über den arbeitenden Menschen nicht auf den Erkenntnissen des verhaltensorientierten Ansatzes bzw. der Human Relation Bewegung.
0 0 Im Ansatz von Taylor bestimmen monetäre Anreize die Leistungsmotivation des Menschen.
0 0 Nach Max Weber ist die charismatische Machtgrundlage vor allem in Bürokratien verbreitet. Allerdings präferiert Max Weber für Bürokratien aus Effizienzgründen eher die legale Machtgrundlage.
0 0 Taylor ist Vertreter des Mehrlinienprinzips. Er konzentriert sich auf Fertigungsbetriebe, bei denen ein schneller Informationstransfer in der Organisation notwendig ist. Allerdings kann dabei das Problem der Mehrfachunterstellung auftreten, das z. B. bei Fayol durch das Prinzip der Fayol'schen Brücke „gelöst" wird.

**r f Block 8:**
0 0 Bei der mutativen Betriebsgrößenvariation wird die Qualität der Potenzialfaktoren geändert.
0 0 Bei limitationalen Produktionsprozessen bestehen zwischen den Einsatzmengen der Produktionsfaktoren feste Einsatzverhältnisse. Dies erschwert es, teure Einsatzgüter durch billigere Einsatzgüter zu ersetzen.
0 0 Beim bekannten S-förmigen Gesamtkostenverlauf (mit Fixkosten) wird die daraus ableitbare Durchschnittskostenkurve von der Kurve der durchschnittlichen Fixkosten nicht geschnitten.
0 0 Beim Ertragsgesetz gilt folgendes: Im Minimum der Durchschnittsertragskurve schneiden sich Grenzertrags- und Durchschnittsertragskurve.
0 0 Gutenberg eröffnet der Betriebswirtschaftslehre neben einer produktions- und kostentheoretischen Perspektive eine psychosoziale und humanorientierte Perspektive.

**r f Block 9:**
0 0 Beim bekannten S-förmigen Gesamtkostenverlauf (mit Fixkosten) hat der Anstieg der Gesamtkostenkurve keinen Einfluss auf die Grenzkosten.
0 0 Das Problem der Kostenremanenz kann z. B. bei nachlassender Beschäftigung dann entstehen, wenn Verträge für die zeitweise Überlassung von Potenzialfaktoren nicht aufgelöst werden können.
0 0 Auch bei so genannten sprungfixen Kosten können sich Kostenremanenzprobleme ergeben.
0 0 Der S-förmige Gesamtkostenverlauf ist nicht durch konstante Grenzkosten gekennzeichnet.
0 0 Der Grenzertrag kann in der Praxis auch unter den Durschnittserträgen liegen.

**r f Block 10:**
0 0 Intensitätsmäßige Anpassungen an schwankende Beschäftigungsgrade liegen z. B. vor, wenn bei Überauslastung zusätzliche Schichten geleistet werden.
0 0 Transaktionskosten entstehen u.a. aus unvollkommener Information.
0 0 Je höher die Spezifität, desto höher das small numbers Problem und die Quasi-Rente.
0 0 Hohe Transaktionskosten erschweren die Alternativensuche im Entscheidungsprozess.
0 0 Transaktionskosten lassen sich in der Praxis meist nicht genau erfassen.

# Teil IV

**r f Block 11:**
0 0 Die intensitätsmäßige Anpassung empfiehlt sich vor allem bei größeren Beschäftigungsschwankungen.
0 0 Intervallfixe Kosten entstehen z. B. bei der multiplen Betriebsgrößenanpassung, wenn zusätzliche Maschinen angeschafft werden. Dadurch kann sich ein Leerkostenaufbau ergeben.
0 0 Die Kostenfunktion von Typ B ist auf kleine Einheiten (z. B. Maschinen) nicht anwendbar.
0 0 Die Gesamtkostenkurve nach Typ A verläuft entlang der Menge zunächst degressiv, dann progressiv.
0 0 Die Anreiz-Beitrags-Theorie wird im Taylorismus genutzt, um menschliche Verhaltensannahmen abzuleiten; und der mechanistische Ansatz ist geprägt vom Menschenbild des complex man.

**r f Block 12:**
0 0 Der systemorientierte Ansatz begreift Unternehmen als dynamische und geschlossene Verhaltenssysteme.
0 0 Die Anreiz-Beitrags-Theorie wird im Taylorismus genutzt, um menschliche Verhaltensannahmen abzuleiten.
0 0 Der entscheidungsorientierte Ansatz ist geprägt vom Menschenbild des complex man.
0 0 Die Wurzeln der Transaktionskostentheorie liegen nicht im "scientific management".
0 0 Eine wesentliche Annahme des situativen Ansatzes ist, dass es Beziehungen zwischen Unternehmenssituation und Organisationsstruktur gibt.

**r f Block 13:**
0 0 Die Zielforschung gehört zu den Komponenten des entscheidungsorientierten Ansatzes. Dabei wird zwischen den drei Zieldimensionen Zielinhalt, Zeitbezug und Zielbeziehungen unterschieden.
0 0 Klassisch für konfliktäre Zielbeziehungen ist die Beziehung zwischen den Zielen Rentabilität und Liquidität.
0 0 Die präskriptive Entscheidungstheorie hat das Ziel, den Entscheidungsträgern Anleitungen zu geben, wie sie sich in der Praxis in Abhängigkeit von verschiedenen Entscheidungskriterien entscheiden sollen.
0 0 Die präskriptive Entscheidungstheorie geht vom so genannten Alternativenauswahl- und nicht vom Alternativenentwicklungskalkül aus.
0 0 Die Laplace-Entscheidungsregel kommt bei Entscheidungen unter Sicherheit zur Anwendung.

**r f Block 14:**
0 0 Wertkonflikte bei mehrpersonalen Entscheidungen sind durch gleiche Ziele der Konfliktparteien gekennzeichnet.
0 0 Die deskriptive Entscheidungstheorie zeigt, wie Entscheidungen getroffen werden sollen.
0 0 Bei revolutionärem Informationsverhalten in Suchphasen ist davon auszugehen, dass entgegen dem traditionellen Informationsverhalten mehr bzw. kreativere Alternativen gefunden werden.
0 0 Kognitive Dissonanz tritt auf, wenn nach der Entscheidung fehlende oder nicht entsprechende Bestätigung vorliegt, weil dem Entscheider plötzlich bessere Alternativen bekannt werden.
0 0 Kognitive Resonanz bezeichnet so genanntes "traditionelles Entscheidungsverhalten" in Kaufsituationen, wonach der Käufer sich für getroffene Entscheidungen zu rechtfertigen versucht.

# Teil IV

**r f Block 15:**
0 0 Das so genannte Stufenwertzahlverfahren ist ein analytisches Verfahren.
0 0 Der Leistungsanteil am Lohn ist i.d.R. höher als der Anforderungsanteil.
0 0 Die Arbeitsbewertung ist personenunabhängig vorzunehmen.
0 0 Steigt die Leistung eines Mitarbeiters im Akkord, so steigt auch der Akkordrichtsatz.
0 0 Rangfolge- und Rangreihenverfahren machen vom Prinzip der Reihung Gebrauch.

**r f Block 16:**
0 0 Standort- gehören wie Rechtsformentscheidungen zu den konstitutiven Entscheidungen.
0 0 Ubiquitäten führen dazu, dass Unternehmen Präferenzen für bestimmte Standorte haben.
0 0 Das so genannte Genfer Schema ist den analytischen Arbeitsbewertungsverfahren zuzuordnen.
0 0 Anforderungs- und Verhaltensgerechtigkeit sind Ersatzgerechtigkeiten für "Leistungsgerechtigkeit".
0 0 S-förmige Prämienverläufe werden oft herangezogen, um eine gezielte Leistung zu erreichen.

**r f Block 17:**
0 0 Auch die Mengenleistung kann eine Bemessungsgrundlage für die Prämie sein.
0 0 Bei der Einführung von Gruppenakkord sollte darauf geachtet werden, dass die Leistungsunterschiede der Mitarbeiter möglichst hoch sind. Die Fluktuation sollte dagegen niedrig sein.
0 0 Akkordreife liegt vor, wenn der Arbeitsablauf gleichartig und regelmäßig ist.
0 0 Bei Taktzwang der Fertigung (Fließfertigung) ist die Einführung des Akkordlohns anzuraten.
0 0 Nach erstmaliger Nutzung erleiden Zeit- und Gebrauchswert von Betriebsmitteln meist hohe Wertverluste.

**r f Block 18**
0 0 Nach Gutenberg handelt es sich bei den Werkstoffen um so genannte dispositive Faktoren.
0 0 So genanntes A-Material ist dadurch gekennzeichnet, dass es am Beschaffungsvolumen einen hohen Wertanteil, aber bezogen auf die Mengenkomponente einen geringen Anteil hat.
0 0 Handelt es sich um einen Werkstoff, der bei der ABC-Analyse der Kategorie C und bei der XYZ-Analyse der Kategorie X zugeordnet werden kann, dann sollte nicht von Einzelbeschaffung Gebrauch gemacht werden.
0 0 Handelt es sich um Werkstoffe, die bei der ABC-Analyse der Kategorie A und bei der XYZ-Analyse der Kategorie Z zugeordnet werden, sollte Einzelbeschaffung zur Anwendung kommen.
0 0 Bei Boden handelt es sich nach Gutenberg um einen originären Produktionsfaktor.

## Teil A - Lösungsteil:

| Block 1 | Block 2 | Block 3 | Block 4 | Block 5 | Block 6 | Block 7 | Block 8 | Block 9 |
|---|---|---|---|---|---|---|---|---|
| r f | r f | r f | r f | r f | r f | r f | r f | r f |
| 0 0 | 0 0 | 0 0 | 0 0 | 0 0 | 0 0 | 0 0 | 0 0 | 0 0 |
| 0 0 | 0 0 | 0 0 | 0 0 | 0 0 | 0 0 | 0 0 | 0 0 | 0 0 |
| 0 0 | 0 0 | 0 0 | 0 0 | 0 0 | 0 0 | 0 0 | 0 0 | 0 0 |
| 0 0 | 0 0 | 0 0 | 0 0 | 0 0 | 0 0 | 0 0 | 0 0 | 0 0 |
| 0 0 | 0 0 | 0 0 | 0 0 | 0 0 | 0 0 | 0 0 | 0 0 | 0 0 |

# Teil IV

| Block 10 | Block 11 | Block 12 | Block 13 | Block 14 | Block 15 | Block 16 | Block 17 | Block 18 |
|----------|----------|----------|----------|----------|----------|----------|----------|----------|
| r  f     | r  f     | r  f     | r  f     | r  f     | r  f     | r  f     | r  f     | r  f     |
| 0  0     | 0  0     | 0  0     | 0  0     | 0  0     | 0  0     | 0  0     | 0  0     | 0  0     |
| 0  0     | 0  0     | 0  0     | 0  0     | 0  0     | 0  0     | 0  0     | 0  0     | 0  0     |
| 0  0     | 0  0     | 0  0     | 0  0     | 0  0     | 0  0     | 0  0     | 0  0     | 0  0     |
| 0  0     | 0  0     | 0  0     | 0  0     | 0  0     | 0  0     | 0  0     | 0  0     | 0  0     |
| 0  0     | 0  0     | 0  0     | 0  0     | 0  0     | 0  0     | 0  0     | 0  0     | 0  0     |

## Teil B

**Aufgabe 1 (10 Punkte):**
Gegeben seien die in der Tabelle ausgewiesenen Güter 1, 2, 3 und 4 sowie ihre jeweiligen Werte, welche sie in der erstbesten und zweitbesten Verwendungsart erreichen können. Bitte beantworten Sie dazu folgende Fragen.
(bitte schreiben Sie Ihre Antworten in die so „....................." markierten Zeilen).

|                      | Gut 1 | Gut 2 | Gut 3 | Gut 4 |
|----------------------|-------|-------|-------|-------|
| 1.-beste Verwendung  | 30    | 30    | 30    | 30    |
| 2.-beste Verwendung  | 19    | 2     | 18    | 20    |

a) Bei welchem Gut ist die Quasi-Rente am höchsten? ..........................................
b) Welches Gut hat die geringste Spezifität? ..........................................
c) Bei welchem Gut sind die Opportunitätskosten am geringsten? ..................
d) Wie hoch ist die Quasi-Rente bei Gut 3?..........................................
e) Wie hoch sind die Opportunitätskosten und die Quasi-Rente bei Gut 2, wenn sich ein absolutes small numbers Problem einstellt, wodurch die 2-beste Verwendung entfällt?
> Quasi-Rente:..........................................
> Opportunitätskosten: ..........................................

**Aufgabe 2 (10 Punkte):** Gegeben sei das nebenstehende Entscheidungstableau

Welche Alternative ist bei Anwendung folgender Entscheidungsregeln zu wählen (Eintrittswahrscheinlichkeiten für Frage d: S1 = 0,4; S2 = 0,2; sonstige je 0,1)?
(Ergebnisse bitte in diese „............" Felder eintragen)

a) Maxi-Max   ..........................
b) Maxi-Min   ..........................
c) Laplace    ..........................
d) Optimismus-Pessimismus-Regel mit dem
> Optimismusfaktor von 0,2  .............
> Optimismusfaktor von 0,9  .............

Umweltzustände

|     | S1 | S2 | S3 | S4 | S5 | S6 |
|-----|----|----|----|----|----|----|
| A1  | 21 | 21 | 9  | 10 | 8  | 18 |
| A2  | 22 | 22 | 22 | 66 | 66 | 22 |
| A3  | 33 | 44 | 22 | 33 | 66 | 44 |
| A4  | 44 | 22 | 22 | 33 | 44 | 22 |
| A5  | 44 | 33 | 33 | 33 | 66 | 77 |
| A6  | 55 | 66 | 22 | 22 | 22 | 22 |
| A7  | 55 | 33 | 33 | 22 | 22 | 22 |
| A8  | 44 | 33 | 22 | 21 | 10 | 23 |

## Teil IV

**Aufgabe 3 (8 Punkte):**
Nennen Sie vier Ersatzgerechtigkeiten für Lohngerechtigkeit.

**Aufgabe 4 (12 Punkte):**
Formulieren Sie je ein Beispiel für a) wissenschaftsinstrumentelle Aussagen, b) praktisch-normative Aussagen und c) wertend-normative Aussagen.

## 3. Lösungen

**Probeklausur A:**

| Block 1 | Block 2 | Block 3 | Block 4 | Block 5 | Block 6 | Block 7 | Block 8 | Block 9 |
|---|---|---|---|---|---|---|---|---|
| r f | r f | r f | r f | r f | r f | r f | r f | r f |
| X 0 | X 0 | 0 X | X 0 | 0 X | 0 X | 0 X | 0 X | 0 X |
| 0 X | X 0 | 0 X | X 0 | X 0 | 0 X | X 0 | 0 X | 0 X |
| X 0 | X 0 | 0 X | X 0 | X 0 | 0 X | 0 X | X 0 | X 0 |
| 0 X | X 0 | 0 X | 0 X | 0 X | 0 X | X 0 | 0 X | X 0 |
| X 0 | X 0 | X 0 | 0 X | 0 X | 0 X | X 0 | 0 X | X 0 |

**Aufgabe 1 (9 Punkte):**
Hierfür gibt es zahlreiche Lösungen. Es kommt bei der Beantwortung darauf an, dass man die Ergebniszahlen für Alternative 1 möglichst hoch ansetzt. Das folgende Beispiel zeigt nur eine Lösung unter vielen denkbaren Entscheidungstabellen.

|    | S1  | S2  | S3  |
|----|-----|-----|-----|
| A1 | 100 | 100 | 100 |
| A2 | 5   | 5   | 5   |
| A3 | 5   | 1   | 1   |

# Teil IV

**Aufgabe 2 (12 Punkte):**
Bereitstellungs-/Beschaffungswege für
a) AZ-Werkstoff: Einzelbeschaffung
b) AX-Werkstoff: bedarfssynchrone Beschaffung bzw. just in time
c) CY-Werkstoff: Lager
d) BX-Werkstoff: Lager oder bedarfssynchrone Beschaffung bzw. just in time

**Aufgabe 3 (8 Punkte):**
Folgende Zielbeziehungen kann man unterscheiden: indifferente, komplementäre, konfliktäre und temporäre (z. B. zunächst komplementärer und dann konfliktärer Verlauf der jeweiligen Zielerreichungsgrade).
Folgende Arten von Transaktionskosten gibt es: Such- und Anbahnungskosten, Vereinbarungskosten, Kontrollkosten, Anpassungskosten.

**Aufgabe 4 (15 Punkte):**
a) der absolute Gewinn für die Periode 2 beträgt 100 €
b) die so genannte Umsatztotalrendite über alle 3 Perioden beträgt 10%
c) der Kapitalumschlag für die Periode 1 ist 0,5
d) der Kapitalumschlag für Periode 2 ist 1
e) der ROI für die Periode 3 beträgt 15%
f) das Ergebnis für Periode 2 bei der Menge von 80 Stück beträgt -20€ (d.h. Verlust)

**Aufgabe 5 (12 Punkte):**

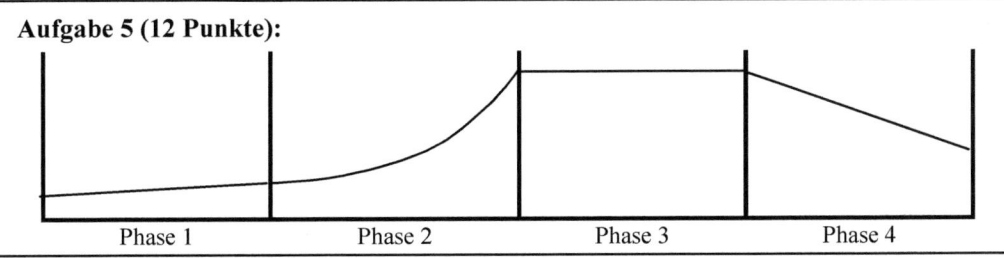

Phase 1 | Phase 2 | Phase 3 | Phase 4

**Aufgabe 6 (9 Punkte):**

„Unternehmen ist black box" >>> Neoklassik
„periphere Limitationalität" >>> Faktortheoretischer Ansatz
„Anreiz-Beitrags-Theorie" >>> Verhaltensorientierter Ansatz
„Steuerung" >>> Systemorientierter Ansatz
„Taylorismus" >>> Mechanistischer Ansatz
„Alternativenauswahlkalkül" >>> Entscheidungsorientierter Ansatz (präskriptive Ausprägung)

# Teil IV

## Probeklausur B:

| | Block 1 | Block 2 | Block 3 | Block 4 | Block 5 | Block 6 | Block 7 | Block 8 | Block 9 |
|---|---|---|---|---|---|---|---|---|---|
| | r f | r f | r f | r f | r f | r f | r f | r f | r f |
| | 0 x | 0 x | 0 x | x 0 | x 0 | 0 x | 0 x | x 0 | 0 x |
| | x 0 | 0 x | x 0 | x 0 | x 0 | x 0 | x 0 | x 0 | x 0 |
| | x 0 | 0 x | x 0 | 0 x | 0 x | x 0 | x 0 | x 0 | x 0 |
| | 0 x | 0 x | x 0 | 0 x | x 0 | x 0 | 0 x | 0 x | x 0 |
| | x 0 | 0 x | x 0 | x 0 | 0 x | x 0 | x 0 | 0 x | x 0 |

| | Block 10 | Block 11 | Block 12 | Block 13 | Block 14 | Block 15 | Block 16 | Block 17 | Block 18 |
|---|---|---|---|---|---|---|---|---|---|
| | r f | r f | r f | r f | r f | r f | r f | r f | r f |
| | 0 x | 0 x | 0 x | 0 x | 0 x | x 0 | x 0 | x 0 | 0 x |
| | x 0 | x 0 | 0 x | x 0 | 0 x | 0 x | 0 x | 0 x | x 0 |
| | x 0 | 0 x | x 0 | x 0 | x 0 | x 0 | x 0 | 0 x | x 0 |
| | x 0 | x 0 | x 0 | x 0 | x 0 | 0 x | 0 x | 0 x | x 0 |
| | x 0 | 0 x | x 0 | 0 x | 0 x | x 0 | x 0 | 0 x | 0 x |

---

**Aufgabe 1 (10 Punkte):**
a) Gut 2
b) Gut 4
c) Gut 2
d) 12
e) Quasi-Rente: 30; Opportunitätskosten: 0

---

**Aufgabe 2 (10 Punkte):**
a) A5
b) A5
c) A5
d) jeweils A5

---

**Aufgabe 3 (8 Punkte):**
Anforderungsgerechtigkeit, Leistungsgerechtigkeit, Verhaltensgerechtigkeit, Sozialgerechtigkeit

---

**Aufgabe 4 (12 Punkte):**
a) Fixkosten sind Kosten, die unabhängig von Beschäftigungsgradänderungen in gleicher Höhe anfallen.
b) Unter der Zielsetzung der Renditesteigerung sollte die Liquidität als Nebenbedingung formuliert und die Rendite maximiert werden.
c) Nach meiner Überzeugung sollten in unserem Unternehmen aus sozialen Gesichtspunkten die unteren Einkommen angehoben und die oberen Einkommen abgesenkt werden.